ちくま新書

# もじれる社会

## ——戦後日本型循環モデルを超えて

本田由紀
Honda Yuki

1091

# もじれる社会——戦後日本型循環モデルを超えて【目次】

章扉イラスト＝森雅之

# まえがき

本書の奇妙なタイトルは、筆者がかつて書いていたブログ「もじれの日々」に由来する。「もじれ（る）」という言葉は、辞書によると、よじれる、ねじれるといった意味をもつ。しかし私は、それに加えて、もつれる、もじもじする、こじれる、じれる等々が混ざり合った、悶々とした感覚を言い表すものとして、その言葉を使っている。

自分の目に見えている現象や、自分にとって切実な感覚をしっくりと表現する言葉がなかなか見当たらないことがしばしばあり、そんなときに私はいつも勝手に言葉を造ってしまう。「ハイパー・メリトクラシー」（略して「ハ・メ」）、「ポスト近代型能力」（略して「ポ近能」）、「やりがいの搾取」（略して「やり搾」）……。どれも略すと品がなくなってしまうのが苦笑ものだが、それぞれ、先行する理論や、目前の事象、データ等を踏まえた、必然性をもつ造語である。

ブログ名にしていた「もじれ（る）」という言葉も、同様に社会のありようと、それを見ている自分の感情を、一挙に言い表そうとして、自然と頭の中に浮かんだ言葉であった。造語のつもりだったが、すでに辞書にあることを、後になって知った。いわゆる「炎上」によって今は公開していないが、一時期は一所懸命に書いていたブログの名前を、書名として生き残らせることができたことが感慨深い。

本書の内容も、放っておけば埋もれてしまいかねない、私の個別の文章を集めて生き残らせてくれるという性格のものである。私は以前にも、同様に様々な媒体に書いた文章を集めた『軋む社会』という本を出したことがある（二〇〇八年に双風舎より刊行、二〇一一年に河出文庫に収録）。今回できあがった本書は、当然ながら、『軋む社会』と大筋の認識は変わっていない。しかし個別の主題については、新しいデータや分析をも盛り込みながら、より掘り下げて論じており、ただしく『軋む社会』の続編といってよい内容になったと考えている。

この二冊の本の間に進んだ社会変化は、本書でも述べている「戦後日本型循環モデル」の綻びにより社会の各所でぎいぎいと軋みの音が聞こえ始めていた段階から、あるていどは諸問題の姿が明らかになり始め、変革の提言もむしろ喧しいほど挙げられるようになっても、社会の構造も人々の思考や感情も著しく「もじれて」いるがゆえに先に進めない段階へ、という変化であったと感じている。

それにすがることはもう無理な諸々の事柄――組織のメンバーシップを重視する正社員の働き方、意義の希薄な教育、過剰な責任を抱え込む家族、そして捉えどころのない「能力」ですべてを説明する考え方――に、社会が荒れれば荒れるほどいっそうしがみつこうとする事態が広がっていること、それが社会の「もじれ」の芯にある。その意味で、本書のタイトルは、他の造語たちと同様に、必然性を伴っているのである。

本書は五つの章から成る。第一章には、「悲惨」と「希望」という、現在の日本社会に観察される、明暗の対極的な側面を描いた文章を収めている。必ず現象には両面があり、かつその双極の間のグラデーションも存在する。その全域をできるだけ見渡すことが、バランスド・ビューの獲得のためには必要だと考えている。この章のはじめ、本書全体の冒頭に位置する、「悲惨」に関する文章は、本文の註でも述べたように、二〇〇八年に書かれたものである。しかし、その中での地震に関する記述は、三年後に生じた東日本大震災とその後の日本社会の出来事を予告していたように感じられ、読み返していて肌寒くなる感覚があった。それに続く、「希望」に関する一連のエッセーから、その肌寒さをいくぶんなりと緩和してくれるような暖かさを、読者が感じてくれればと思う。

第二章は、筆者がこれまで随所で繰り返し言及してきた、「ハイパー・メリトクラシー」と「戦後日本型循環モデル」という二つの概念を、改めて凝縮した形で説明する内容となっている。特に後者に関しては、私は二〇一四年六月に、このモデルについて解説した『社会を結びなおす――教育・仕事・家族の連携へ』という岩波ブックレットを刊行しており、重複するところはある。しかし、「戦後日本型循環モデル」とその崩壊、それに代わる新たなモデルという一続きの考え方は、私が日本社会について考える際の土台となっているため、本書でも改めて提示しておきたいと考えた。また、主に教育の領域における「垂直的多様性」と「水平的多様性」という鍵概念についても、議論を展開している。対談と講演録という形の文章であるため、嚙み砕いた記述になっているかもしれないと思う。

第三章、第四章、第五章はそれぞれ、仕事、教育、家族という、「戦後日本型循環モデル」の主要な構成要素を取り上げ、総論としての第二章に続く言わば各論として、各々の現状について議論を展開している。それらを貫く背骨は、「能力」に関する次のような認識である。すなわち、日本社会では「能力」をめぐる社会的フレームワークが学力および人間力という二つの「垂直的多様化」＝格差化に偏り、コンテンツに即した「水平的多様化」の面ではきわめて脆弱であるとともに、「能力」の形成と発揮をめぐる責任が強固に個人および家族（親、特に母親）に帰属されているため、圧力や不安、社会的排除と自己排除が高まり、弊害をもたらしている。

こうした事態は、戦後日本型循環モデルにすでに胚胎しており、さらに一九九〇年代以降にこのモデルの破綻とともに生じた新しい「能力」要請によって加速されている。求められる社会的フレームワークは、個人を相対的優劣の中に位置づけ「劣った」者を排除してゆく「垂直的多様化」ではなく、すべての人々が「居場所と出番」をもつことができる「水平的多様化」、すなわち「能力」の異質性・多様性を担保しうる制度と共通言語である。そしてその形成と発揮をめぐる責任は、個人と家族から、教育制度と労働市場へと大幅に移し替えられる必要がある。こうした議論を、角度と力点を変えつつ、仕事、教育、家族のそれぞれに即して展開しているのが第三章〜第五章である。

このような議論は、現代日本が抱える、もっとも根深いもつれ・こじれ＝「もじれ」の一つとして私の目に映る現象についての指摘である。根深ければこそ、その現象を人々に伝えることは難しく、ましてや、現実をほどいていくことはいっそう難しい。伝えることとや変えることが、いかにも成功確率の低い賭けのようなものであるとしても、それはあきらめたりやめたりする理由にはならない。いつもそうして、絶望しながら、悩みながら、疲れながら、私にできることはこれしかない、と、書いたり話したりを続けている。その一部を、本書という形でお届けする。

第一章

# 社会の「悲惨」と「希望」

## 1　「悲惨」について

若者をはじめとして、この社会の人々を広く覆っている厳しい現実がある。それが顕著に表れているのは仕事の世界においてである。すでに多くの報告があるように、賃金の少なさや雇用の不安定さは、アルバイト・パートや派遣社員、契約社員などの非正社員のみならず、正社員のかなりの部分にも及び始めている。現在の生活が辛うじて成り立つか成り立たないかという状態にあり、将来の展望など抱きようもない人々が、よしや過半には及ばないとしても決して少数派とは言えない比率に達しつつある。他方では、賃金や雇用の安定については一定の水準にありながらも、長時間の過重な労働の負担によって、心身を病むにいたる人々も増え続けている。あからさまな物質的貧困と、精神面での苦痛や虚無にさらされながら、多くの人々が日々を生きざるを得なくなっている（本田由紀『軋む社会』双風舎、二〇〇八年＝河出文庫、二〇一一年）。

こうした社会の現実は、「悲惨」という言葉で形容するにふさわしい。そしてまた、そのような現実を重要な契機として生じる、身近な家族や「誰でもよい」誰か、あるいは自分自身を抹殺するような、最近の数々の事件は、その「悲惨」の凝縮ともいえるものである。殺された人々や残されたその周囲の親しい人々はもちろん、殺した者も、「悲惨」の極致の中にある。

「悲惨」という言葉を胸の中心に置いたとき、そこから促されて想起されるのは、大地震や津波、サイクロンなどの、大規模な自然災害である。二〇一一年の三月、東北地方の東海岸を襲った未曽有の規模の地震と津波は、いまなおその被災地のみならず日本の各所、多数の人々に、生々しい傷跡を残している。*1 ここでは災害の典型として大地震を例にとり、それと現在の社会状況を照らし合わせることによって、後者の特性について考えてみたい。

巨大地震と、現在の社会状況の間には、何よりも、それらが広範囲の人々に「悲惨」をもたらすという共通点がある。いずれの場合も、淡々と成り立つことが自明であったはずの生活は瓦解し、呆然とするような喪失状態があっという間に眼前に現れる。さらに、その「悲惨」を被る度合いに関して、人々の間に濃淡があるという点でも、両者は共通している。地震の場合は、古い建造物、耐震性が十分でない建造物において、倒壊の確率は大きくなる。また、たまたま地層の断層上に建てられていた建造物は、やはり倒壊の危険を免れない。建造物自体の特性と、それが位置する場所によって、地震から受ける被害の重大さには差がある。

社会的な「悲惨」の場合も、それに襲われるリスクの高さには、個人によって違いがある。地震に際しての建造物と同様に、人々の生を支えている骨組みの堅牢さにも相違があり、それが脆弱な場合に「悲惨」は強く現れる。湯浅誠が「溜め」という言葉で表現する、金銭や人間関係、教育歴などの諸資源が不足している人々が、よりむき出しの「悲惨」に直面することになるのである(湯浅誠『反貧困』岩波新書、二〇〇八年)。

また、社会状況に関して、地震における地層の断層に相当するのは、個人が属し個人を取り巻く様々な社会領域——家族、教育、仕事など——の間の断層である。かつては個人を緊密に取り囲み守っていたそれらの社会領域は、それぞれ自体が壊れ始めるとともに、領域と領域の間の亀裂も広がり始めている。

たとえば家族と教育との関係については、家族による費用負担や動機づけに支えられて首尾よく教育上の達成を手にするという、順接的な連結関係が綻びつつある。子世代の教育に投入できる経済的・精神的余裕をもたない家族が増加していることに加えて、逆に親からの過剰な教育期待に応えられず挫折やバーンアウトにいたる子どももあまた現れている。

また、教育と仕事との関係についても、従来のような新規学卒就職ルートに乗れない層や、いったん乗ったかに見えても労働条件の劣悪さから離脱を余儀なくされる層が、膨大に出現している。仕事と家族の関係についても、安定した雇用や順調に上昇する賃金に支えられて家族を形成するという、従来の前提が当てはまる範囲は縮小しつつある。

こうした、社会領域間の裂け目の広がりに落ち込んでしまった者たちが、より大きな「悲惨」をその身に引き受けざるを得なくなっているのである。これまでは社会領域間の関係が緊密であったがゆえに、その関係性の破綻によってぼろぼろと零れ落ち始めた人々を掬《すく》う制度的な網は、整備されないまま今にいたっている。

断層という点では、世代間の断層も考慮に入れる必要がある。一九九〇年代初頭以降に生じた日本社会の変化があまりに急激かつ根底的であったがゆえに、年長世代は、より若い世代に何が起こっているかを十分に理解できていない。それゆえ、自身がこれまでの生涯において自明視してきた生き方を若者に強要してみたり、そこから外れた若者を道義的に非難してみたりもする。ただでさえ「悲惨」に遭遇しがちな若い世代が、そのような年長世代からの無理解や攻撃をも受けたならば、彼らの尊厳や居場所はどこにもなくなってしまう。

このように、端的な「悲惨」が広く人々を覆いながらも、その度合いにむらがあるという点で、現在の社会状況と地震などの災厄は似通っている。しかし同時に、両者の間には相違も大きい。相違のひとつは言うまでもなく、地震が逃れがたい天災であるのに対して、社会的な「悲惨」は人災であるということである。後者は運命的・不可避的に生じたものではなく、働く者の保護を取り払う法律の変更や、働かせる側の違法行為の蔓延、福祉制度・政策の不備など、人為的な原因から生み出されたものである。

さらに、地震の場合は被災者に対して、救助や支援の手が——それらは被災者が被った「悲惨」を補うにはとうてい十全とはいえないものであったとしても——即座に差し伸べられる。その場に駆けつけない人々からも、少なくとも同情は向けられるのであり、嘲りや蔑みが投げつけられることは少ないだろう。それに対して、社会的な「悲惨」の場合は、それが人為的に作り出されたものであるにもかかわらず、あるいはそれゆえにこそ、その

「悲惨」に直撃された人々に対して、「悲惨」を相対的に免れ得ている人々から、侮蔑や無視、時には憎悪すら注がれがちである。あいつらは努力や創意工夫が足りなかったのだ、と。救いようのない馬鹿なのだ、と。本人が愚かで悪いくせに社会のせいにしようとしている、と。

　彼らがそのような態度をとり得る理由は、ひとつには、社会的な「悲惨」を免れている者は、自らが「悲惨」を作り出し、それによって利を得ていることを自覚するがゆえに、自らを免責するために他に敢えて帰責する、ということがあるだろう。また、自らのたまたまの安寧は他者の「悲惨」とは無関係であり、あずかり知らぬことと考えているがゆえに、軽侮を含む無視によって自分を安全な場所に保とうとする、ということもあるだろう。私の知人のひとりは、「私の周りには悲惨な人なんて誰もいないよ」と私に言った。見知らぬ他者の命を刃が奪った事件のあとに街角でマイクを向けられた老女は、「人に迷惑をかけるなんてやめてほしいわ」と語った。

　だが、今の状況の中で、誰が無辜《むこ》でいられるのか。「悲惨」から遠いように見える人々の生活は、「悲惨」を引き受けている膨大な人々の上に成立していることを、誰が否定できるのか。「悲惨」が身近に存在しないと言う者は、コンビニエンスストアで買い物をしたことはないのか。誰が彼らの快適な都心のオフィスを清潔に保っているのか。そして、「悲惨」に陥ってしまった者は、いつまでも従順にその「悲惨」を甘受していろというのか。

「悲惨」でない者から「悲惨」な者に向けられる憎悪は、その反作用として後者から前者への憎悪をも生み出す。後者から見た前者は特定化されにくく社会全体に広がっているように感じられるがゆえに、巡り合わせによっては互いに手を取れたかもしれない他者に対して偶然の攻撃が向けられたりもする。前述したように、この社会の変化が急激かつ根底的であったがゆえに、生起しつつある現象を全体的・構造的に把握することは難しく、また一部にある把握や認識への努力と成果も、社会的に共有されているとはいえないからである。

このように社会変容の全貌が広範に可視化されていないがために、幸運にも豊かな諸資源を享受し断層を回避して極度の「悲惨」を免れている者も、彼ら自身が「悲惨」な者に示す態度そのものによって、無差別的な攻撃を誘発し、結局は自らの存在を脅かす結果になっているのである。

以上に見てきた決定的な相違において、現在の社会状況は、自然がもたらす災厄よりも、はるかに「悲惨」である。そうした社会的な「悲惨」を直視しても、なおかつ、これはグローバル化と市場化が進行する長期的趨勢のもとでは不可避な「悲惨」であると主張する者も存在する。しかしそうした主張は疑わしい。グローバル化・市場化がもっとも進んでいるとされる米国においてすら民間非営利セクターによる福祉機能が発達しており、ヨーロッパ諸国では国家の福祉機能や雇用環境の面で保護制度が整備されているため、日本が「世界で一番冷たい」格差社会であると、ハーバード大の政治学者エステベス・アベは指摘する(http://diamond.jp/articles/-/2319/)。

このような指摘が告げていることは何か。それは、日本の「悲惨」が不可避ではなく、積極的意図ないし消極的怠慢の結果であるという、先に述べたこと――人災としての「悲惨」――への、改めての裏づけである。この、固有の言語を持ち、歴史的経緯によって周囲から孤立している島国では、一般の人々が他国の実態に頻繁に触れる回路は閉ざされている。それをよいことに、「悲惨」のいや増す専横は、放置されているのである。

早く、見て、知って、気づいてほしいと思う。「悲惨」の渦中にある人々も、それを辛うじて回避している人々も。そして、「悲惨」を深化させるテロリズムに走るのでも、「悲惨」の傷を互いに舐め合うに留まり現状を延命させるのでもなく、また「悲惨」への無視や高見の見物、あるいは嘲笑に加担するのでもなく、この社会の「悲惨」を実質的に少しでも減らす方向への多難な道程に加わってほしいと思う。そういう思いも嗤われ黙殺されるであろうことを、私は知っている。しかし、その思いを押し込め口許を拭って自分が永らえてゆくことができないことをも、私はすでに知っている。

## 2 「希望」の現場より

### †それぞれに、できることを

いつも慌ただしくしているので、時間と体力を節約するために、タクシーで移動することがある。たいていの場合はタクシーの運転手さんと会話をすることはないが、時折おもしろい経験をすることがある。

先日は、降り際に代金を払おうとしていると、年配の運転手さんが振り向きざまに私の顔を見て「お客さん、相当肩が凝っているでしょう」と言うので苦笑してうなずくと、「ちょっとお手をお借りします」とその人は言って、私の手の指のつけねをかなり強くくりくりと揉んだ。するとすっと肩が軽くなったので、私は驚いてお礼を言った。その人は、「長年こういう仕事をやってると、お客さんの顔を見ただけでわかるんですよ。指のマッサージも自己流です」と言って笑った。

また別の日、私は三つの会合に続けて参加した後、帰宅しようとタクシーに乗った。座って思わず溜息をつくと、運転手さんが「お疲れですか」と訊くので三つ会議があったことを言うと、「どんな会議ですか」と問われて、ごくあらましを話した。すると運転手さんは、「そういう場に出られるだけでもいいですね……ところで、今の日本はひどいと思いませんか」と言うので、私は若い人の就職状況が今年は特に悪くなっていることが大きな問題だと思うと言った。

すると運転手さんは、やや唐突に「ベーシック・インカムってご存じですか」と訊ねてきたので、私が「最近ときどき話題になってますね」と言うと、彼はある新聞のコラムでベーシック・インカムについて書かれていた内容を教えてくれた。私にはその試算が甘いものに思えたので、「ほんとにそんなことが可能なんでしょうか」と言うと、彼は信号で停まったときに、ごそごそと自分のカバンからクリアファイルを取り出した。そのファイルには先述のコラムのコピーがたくさん入っており、その中の一枚を私にくれて「疑問がおありでしたら、ここにコラムの担当者の連絡先も載ってますから、質問してみてください」と言った。さらにその運転手さんは、政治の腐敗について話を続けた。

私が降りる場所に着いてからも、彼はメーターを止めて熱心に語り続け、その内容が面白かったので私は乗り出して聴いていた。最後に彼は、また別の新聞のコピーをくれて、走り去って行った。

このような経験をすると、私は軽い興奮を覚える。いろいろな人が、それぞれの持ち場で、それぞれのやり方で、通りすがりの他者や広い社会に対して、行動を起こしている。それに力づけられ奮い立たされて、自分の凝った肩を揉みながら、明日もまたできることをやっていこうと思うのだ。

## †「夢追う」道の周りに

先日、調査プロジェクトの一環で、ある若者にインタビューをする機会があった。その方は二五歳の男性で、事前に実施していた質問紙調査からは、彼が大学を中退した後に非正規の仕事を転々としてきたことが、すでに把握されていた。その経歴から、大学の挫折後に、さぞ苦しい思いをされてきたのではないかと勝手な想像をしていた。

しかし、インタビューの当日に私の目の前に現れたのは、落ち着きと自信を併せ持った、爽やかな青年だった。これまでどんなふうに生きてこられたのかを詳しくうかがう中で、今の彼をそうあらしめているのは何かが浮かび上がってきた。それは「合唱」だった。

彼は、北関東の高校を出て東京の私立大学に進学するが、大学での勉強には興味が持てず、エネルギーの大部分を注いでいたのは合唱部の活動だった。そこでリーダー的な役割を務めるようになるが、あまりにもその活動に専心し、責任を担いすぎたことから、そのプレッシャーを背負いきれなくなって、三年の時に大学そのものを中退するにいたる。一時期は実家で休養していたが、このままではいけないと感じて再び上京し、警備員のアルバイトを始める。しかしその仕事もいつまでも続けられるものではないと思うようになり、自分はいったい何をめざして生きていけばいいのかと考えた時、彼の頭に浮かんだのは、大学で打ち込んでいた合唱だった。もともと大学を辞めたのも、合唱がいやになったからではなく、逆に合唱が好きすぎたからだった。

そこで彼は、ボイストレーニングのスクールに通い始め、アルバイトもスクールと両立可能なものに替える。並行して、社会人が趣味で活動している合唱団に加わる。その合唱団のメンバーには、かなり高い社会的地位に就いている年配の男性が多く含まれており、その中で若い彼は可愛がられる。他のメンバーから紹介されて、カルチャースクールで合唱の指導を時々担当するようにもなる。合唱だけでなく、作曲も試みるようになる。そして最近、合唱に関わる仕事の契約社員の求人に応募し、採用されたばかりだ。

彼は明るい目で言う。「夢に向かって道を切り開いていきたい」、と。このような「夢追い」的な考え方は、あやういものとして否定的に評価されることも多い。しかし彼の場合、「合唱」という太い軸の周りに、豊かな人間関係や、仕事面でのステップアップの機会を紡いでいる。もちろん、彼のようなケースばかりではないだろう。でも、新規学卒一括採用で企業組織に入るというルートの外に、このような、本人にとって確かな手応えのある、多様なルートが分厚く広がってゆけばよいと思う。

## †受容の姿勢

人は、表面から見ただけでは全然わからないと思うことがよくある。たとえば私の学生でも、寡黙で内気に見える子が実はインタビュー調査がとても上手だったり、あるいは派手で軽薄に見える子が実は計量分析のセンスがピカ一だったりする。そういう意外性を目の当たりにすると、とてもうれしくなる。だが逆に、口頭でのコミュニケーションは人一倍巧みでも、じっくりした文章を書くことが不得手な子もいる。また、学生ではないが某所で接する機会のあった若者は、外見はとてもおしゃれでふるまいも強気だが、実は震えるほど繊細で脆弱な内面を持っていることが、書いてもらった短文を通じてわかった。とかく、人は外見とは時に相反するような能力や内面を持っているものだと思う。それゆえ人と人との関係は難しいし、面白いと。

しかし、というか、だからこそ、というか、人は表面的なふるまいで決めつけられ、人生まで捻じ曲げられてしまうこともある。先日、埼玉県で学童保育の指導員を長くされている河野伸枝さんのお話をうかがった際に、強くそう思った。河野さんの学童保育に来ている子どもの中には、荒々しい言葉遣いをしたり、わめき叫んだり、暴れたりする子がいる。そういう子どもは、学校で同じことをやっていれば、すぐに問題児だとみなされ、家庭に注意や改善を求める連絡がゆくだろう。実際に、河野さんのところの子どもでも、学校や家庭で厳しい扱いをされている場合もある。しかし、「この子はだめだ」という決めつけは、悪循環しか生まない。それは子どもをいっそう荒んだ気持ちにさせ、周囲との関係をずたずたにしてゆく。

河野さんは、そのような子どもが投げてくるきつい言葉に傷つけられたりしながらも、自分がその子に抱いてしまいがちな否定的な感情と向き合い、しっかり呼吸を整えてから、その子に向き合う。ただひたすら一緒にいる時間を経た上で、「ほんとはこうしたかったんだよね」、「あのことがつらかったんだよね」という柔らかい語りかけを繰り返すことで、子どもの表情は少しずつほぐれ、ぽつぽつと気持ちを話し始めたり、ふるまいを変える努力をし始めたりする。

河野さんが向き合うのは子どもたちだけではない。様々に閉塞した状況に置かれてぴりぴりと殺気立っているような保護者に対しても、河野さんは「たいへんだね」、「よくがんばってるよね」と声をかける。それによって、涙を流したり、家庭の実情を話したりして、やがて子どもにやさしくなれる親もいる。

河野さんのように、否定的な決めつけをしないこと、ひとまず受け容れること、その人の中にあって隠れているものに耳を傾けることが、とても大事だと思う。今のこの社会ではどこでも余裕がなくなり、そういう関係性が難しくなっているからこそ。世界に耳を澄まさねば、と思う。

## †そこにある希望

ここのところ、何校かの高校で生徒たちと直接話す機会が続いた。訪れた高校は、伝統的な普通科から専門学科、単位制や通信制と制度形態も多様であり、県内トップに近い高校からその対極まで含まれていた。でもどんな高校でも、生徒たちは、前に進もうとする意志を強い目で語ってくれた。

ある新設校の男子生徒は言った。「ここは新しい学校だから、僕たちが新しく伝統をつくっていける。今の学校の現状は何だか中途半端だ。もっと多くの生徒をまきこんで活性化していきたいんです。そのためには、もっと生徒と先生が話し合える場を作ってほしい。」

別の高校では、女子生徒が次のように言っていた。「制服の決まりを何とかしたいんです。夏はすごく暑いのに、ポロシャツはだめでワイシャツじゃなきゃいけない。でもそれは不衛生だし気持ちも悪い。逆に冬は校舎がとても寒いんですけど、男子は学生服の中にしか何か着ちゃいけないので、セーターとか着たくてもきついんです。あ、でもこのことは学校の先生たちに伝えないでください。今、自分たちで運動してルールを変えていこうとしてるので。」

また別の高校では、中庭の植木に生徒の手で電飾が巻かれていた。いわく、「一二月になっても就職先が決まらない人もいるので、きれいにクリスマスツリーみたいにして元気づけたいと思って。」

彼らの目は、学校現場の問題をも捉えている。ある女子生徒は言った。「この学校では先生が生徒を信頼してくれてない感じがする。頭ごなしにきつく言われることが多い。先生によって勉強の評価や生活指導の厳しさがまちまちだったりもします。」

批判的な視線は進学校の生徒の中にもある。「先生たちは私たちが成績を上げることを第一に考えてる。学校全体がその目的で作られてる。私も、いい成績をとって都会の大学に入って、そこで就職するんだろうなって何となく思ってました。だから、勉強するのは自分のためだけみたいに考えてました。でも、何のために学ぶのか、社会や地域に自分が何ができるのかを、考えなくちゃいけないと思い始めてます。」

これらの高校生たちの言葉に、私が付け加えて解説すべきことは何もない。彼らはしっかりと感じ、考え、行動し、生きていこうとしている。その意見をおさえこむのでも彼らにおもねるのでもなく、きちんと向き合うことが、大人にとって最低限求められる姿勢だろう。私たち大人は、それができているか。慌ただしい日々の中で、ごまかしやずるさに流れていないか。大震災を経て随所にひび割れの明らかなこの社会を変えてゆく意気は、若い世代の中にははっきりと息づいており、むしろ大人の側が追いつけていないのではないか。新しい世代とともに、今何がこの社会に必要なのかを根底から考えていきたい。そこにしか希望はない。

## †社会は変えられる

堤未果さんの『社会の真実の見つけかた』(岩波ジュニア新書、二〇一一年)を興味深く読んだ。新自由主義下のアメリカで進行している数々のすさまじい事実を、その渦中にある人々の肉声によって生々しく伝えている。メディアによる「対テロ戦争」キャンペーンや貧困者を軍隊に勧誘する「経済徴兵制」、ウィキリークスの意味など、重要なイシューが多数取り上げられているが、中でもアメリカの公教育の実態について論じている第二章が印象的である。

二〇〇二年に成立した「落ちこぼれゼロ法」は、国内の全生徒に国語と算数の「一斉学力テスト」を課し、その点数が基準に達しなかった場合、学校への予算配分や教師の賃金が削減される。数年続けて改善が見られなかった学校は、廃校になるか民営化されてチャータースクールとなる。この法律によってもたらされたのは学力の向上ではなく、一斉テストにおける不正行為や校内成績の改ざんの頻発、国語と算数以外の授業の大幅減少、テスト対策のための補習授業等による教師のバーンアウトと離職率の増大等々である。

公教育における「成果主義」は、オバマ政権のもとでむしろ加速されている。二〇〇九年には全米各州が政権の指定する条件を満たす教育改革方針をプレゼンし、優秀な州が「賞金」を獲得する「全米予算獲得レース」までもが実施された。政権が求める条件とは、生徒の成績と教員への評価および賃金の連動の強化、民営化の促進、授業時間数の増加など、目に見える教育「成果」を達成することを目的とするものであった。

こうした動向の中で重要な位置づけを与えられているチャータースクールは、市民が民主的に運営する新たな公教育というかつてのイメージから大きく変容し、今やビル・ゲイツやウォルマートなどの巨大な基金による「ベンチャー型チャリティ」の投資先となり、やはり融資の条件として学校運営の効率化や競争強化が課されている。

これらの報告を、他国の話として聞き流すことなどできるわけがない。これほど極端ではなくとも、日本でもよく似た現象がそこここで起こっているからだ。でも、だからといって絶望している場合ではない。堤未果さんは、希望の光のひとつとして、公教育支援NPOティーチ・フォー・アメリカをあげている。理想に燃える若者に教職の訓練を施した上で教育現場に送り込む。教育現場の現実を知った彼らが教師や教育政策立案者として巣立ってゆく。

むろん、こうした試みに対しても、それは教育現場を個人のキャリアの踏み台にしようとしている、あるいは公的な教員養成の責任を骨抜きにしかねない、といった批判的な見方はある。だが、政府以外の場から始まる草の根の動きを否定してはならないと思う。社会は変えられるのだ。人々の力を集めることによって。

## †「新規」を恐れぬ柔軟さこそ

冬のはじめ、ある労働関係の集会があった。私はその集会の主張に賛同する立場として、壇上の隅に座っていた。壇上からは会場全体がよく見渡せた。その会場は野外で、全国から参加した労組の組合旗が、そこかしこにはためいていた。会場の前方に、ひときわ若い年齢層の一団が、体育座りでこちらを見上げていた。

その一団は私が以前から知っていたNPOで、メンバーは大半が若者であり、若年労働に関する調査やイベントを積極的に繰り広げているグループだった。彼らがこうした集会に参加していることが、私にはやや意外であったが、でも当然かもしれないと思い直した。

集会では、労働者や政党、有識者、弁護士などの代表が次々に発言し、続いていくつかの歌がうたわれて、最後はこぶしを突き上げながらの「がんばろー!」というシュプレヒコールの連呼で締めくくられた。続いてデモ行進が行われたが、風邪を引いていた私は恐縮に思いながらもデモには出ずに帰った。

後日、私はその若者らのNPOのリーダーと雑談する機会があった。「あなたたち、あそこにいたね」と私が言うと、彼は「いやー、連れて行ったメンバーたちが、あのあと〝ドン引き〟で、たいへんだったんすよ」と答えた。いわく、そのNPOで活動している若い人たちは、あの集会の雰囲気——旗、歌、シュプレヒコールなどを含む——に対して、強い嫌悪を感じていたのだと。あのように伝統的な「労働運動」の「ダサさ」や集団主義的なにおいが、若者にとってはアレルギーの対象であるようなのだ。

しかしそのリーダーの彼は、続けてこう言った。「『連帯』とか言うと〝ドン引き〟するコたちも、『ボランティア』って言うとついてきてくれます。これは『労働ボランティア』ですって言うと抵抗なく関心を持ってくれるので、それからだんだんと雇用や法律の問題について説明していくと、ちゃんとわかってくれて熱心に活動してくれます。」

私はその話を、とても興味深く聞いていた。若い人たちは、党派的なイデオロギーや上意下達の「運動」には忌避感を持っている。彼らは個々人の自由や自発性、そしてセンスあるふるまい方をきわめて重視している。同時に彼らは、他者や社会に関わりたい、何か役立てることをしたいという思いもまた、しっかりと持っている。それらのどれも捨てないために、彼ら自身が模索している。このような若者の感じ方に応え得るような、新しい「運動」や「組織」が必要だ。凝り固まった旧い頭を揉みほぐし、今までにないやり方も恐れず取り入れていく柔軟さが。

### †頭で考える前に

ある媒体で、私は次のようなことを書いた。今のこの社会では、「有利な層」と「不利な層」との間の隔たりがますます大きくなり、「有利な層」は「不利な層」を容易に蔑み無視し憎悪するようになっている。しかし実際には、「有利な層」の「有利さ」は、日々肉体と精神をすり減らしながら社会の作動や自分の生を辛うじて保っている「不利な層」の存在の上に成立しているのであり、そうした認識を欠いて「不利な層」を侮蔑するならば、「有利な層」は自分が踏みつけにしてきた対象からの報いを免れないだろう。なぜなら、「すべてはつながっており、苦しみは伝播しあらゆる層へと広がるからだ」と。

しかしその後、私は仁平典宏さんという若く優秀な社会学者が書いた文章(仁平典宏「世代論を編み直すために」湯浅誠他編著『若者と貧困』明石書店、二〇〇九年)を読んで、

「つながり」を論拠とする自分の立論の弱さを思い知った。

仁平さんは言う。社会のすべての人々がつながっている＝相互依存しているがゆえに、他者の困難や苦痛は私の困難や苦痛をも生み出すからには、他者の困難を取り除く必要がある、という「情けは人のためならず」という発想は、大正時代から日本に存在していた。しかし、こうした相互依存＝つながりという考え方は、社会に「迷惑」をかける存在への批判を容易にもたらす。その際、絶対的に「本人のせい」とみなされない対象は免責されうるが、少しでも「本人のせい」という要素が見出される場合には即座に非難が頭をもたげる。そして困難を抱える当事者自身が「自分のせいで社会に迷惑をかけている」と考えがちである、と。つまり、日本社会において、「つながり」は「迷惑」と表裏一体であり続けてきた、と仁平さんは述べている。

そのとき、他者とのつながりを思え、という私の主張には何の意味もない。しかしまた、こうした状況を打破するために仁平さんが繰り広げている議論にも、もどかしい感覚が残る。すなわち仁平さんは、第一に、どこまで「本人のせい」かは確定できないこと、第二に、原因と責任は異なる、すなわち本人に原因の一端があってもすべての者にまっとうな生活を保障する責任は社会全体にあること、という二つの理由から、「本人のせい」で社会に「迷惑」をかける存在への非難や切り捨てを論駁している。むろん、この二点はいずれも正しい。正しい、というのは、論理的にそうだ、ということである。

しかし、社会は論理的にのみ成り立っているのではない。苦しい他者に対して、頭で考える前にすっと差し伸べる手が出るような社会を思い描くのは、しょせん空想にすぎないのか。でも、現実にそうした人々がいて、活発に動き始めているのを目にするとき、あながちそうでもないかもしれないと思える、それが救いである。

### †社会を動かす「共感」

以前に、ある国際シンポジウムの場で、かつてよりもいっそう熾烈な資本主義がグローバルな支配を広げており、その中で世界のいたるところに「遺棄」される人々が生み出されているということについて議論していた。登壇者のひとりであった私は、分断された状況にある人々の間に、いかにして異なる立場の他者への共感と連帯を広げていくかが重要な課題だ、と発言した。それに対して、別の登壇者は、他者への共感の獲得などは無理だ、共感がなくても連帯が可能な社会設計を考えるべきだ、と発言した。会場では、「共感なき連帯」という彼の発言に対する支持を基調として以後の議論が進んだ。

私も、ふむ、なるほどとその時は思った。そのほうが洗練されてかつ安定した社会設計になりうるかもしれない。しかし、そのシンポジウムが終わってからもずっと、心の中にわだかまりのようなものが残っていた。そして、日を経て新たな出来事や経験を重ねる中で、「共感なき連帯」という考え方への疑問が徐々に膨らんできた。そのような、感情を伴わないクールな社会設計というものが、ほんとうに可能で有効なのだろうかと。

疑問の契機のひとつは、社会の中で、主に困窮している人々――たとえば仕事に就けない若者たち――を支援するために新しく導入された制度やプログラムを、実効あるものとして広げてゆく努力をしている方々に接する機会があったことだ。

新しい制度は、人々の認知度も低く、それを管掌することになった公的機関などにとって、やっかいなことをまたひとつ押し付けられてしまったというように受け止められることもしばしばある。縦割り行政や中央政府と末端組織との間のギャップが、その背景となっている。

しかし、そうした障害を越えて、制度がかなりの広がりや根付きを見せている地域や自治体の例もある。それを可能にしているのは、制度の趣旨や対象者の現状を理解し、時には独自の工夫まで付け加えて、熱心に関係諸機関や主体に説明して回り、制度やプログラムへの参加を呼びかけているアクター（行為主体）の存在だ。彼らの熱意が感染したかのように、当初無関心であった関係諸機関が、やがて動き始めてゆく。

このような実例をいくつも知るにつけ、人間とは（良い意味で）情で動く、言わば「暑苦しい」生き物だと実感する。そしてある種、ほっとする。「共感なき連帯」を追求したい方は、そうしてくれてかまわない。しかし私は、人々の感情や共感への期待をぬぐえない。いずれかに手段を限定する必要はない。とにかく社会を動かすことが重要なのだ。

## †可能性を未来へつなぐ

常にばたばたしているので、私はテレビを落ち着いて見る機会があまりない。でも先日、子どもたちが見ていた「劇的ビフォーアフター」という番組を、家事をしながら横目で見ていたら、あまりの面白さについ座りこんでじっくりと見入ってしまった。その日の内容は、佐渡に住むあるご家族のお宅をリフォームするというものだった。数十年前まで牛を飼っていたというそのお宅は、以前の牛舎を改築した棟が本宅であり、離れには高齢のお母さんが住んでいる。しかし離れには水回りの設備が無く、本宅も潮風にさらされたトタン板の外壁が劣化してぼろぼろになっている。

このお宅をリフォームするために、建築家の瀬野和広さんがやってきた。瀬野さんはまず、その海辺の町をくまなく見てまわる。瀬野さんの目には、家々の建築に使われている素材や地域独特の建築慣習などが、一瞥ですべて明らかである。いざリフォームを開始すれば、問題だらけに見えたそのお宅の構造や素材が、実はすばらしいものであることが判明する。今では手に入りにくい上質の土に藁を練り込んだ土壁、立派な赤松の梁。瀬野さんはそれらをすべて活かしながら、その家を作り変えてゆく。

途中で、中学校の教員をされている娘さんが、一〇人ほどの生徒を連れて帰ってきた。瀬野さんから工具の説明を受け鋸《のこぎり》の使い方を学んだ生徒たちは、嬉々として竹藪で竹を伐り出してくる。長い竹を束にして、数人ずつ力を合わせて運んでくる。その竹も、縁側など様々な個所に使われる。こうしてそのお宅は、快適で美しく、しかも昔の思い出もちゃんと残された新しい住処として蘇った。

画面の中で展開されるこの一連のプロセスから、私は目が離せなかった。瀬野さんの、舌を巻くような豊富な知識とアイデアが、みるみるうちに具体的なモノへと結集され、人の生活を暖かく包み込む場所となる。地域の職人たちの確かな技能がそれを支える。ここには確かに、人間が何かを「できる」ようになるということの、最良の姿のひとつがあると、私は思った。

家を作り変えることと比べると、人や社会を作り変えることには、まったく別の難しさがある。人も社会も、それらをよりよくしたいという意図を以て関わる主体が思う通りには、なかなかならない。それでも、思い通りになどならなくていいから、もっとこんな可能性もある、こんなことも「できる」ようになるはず、という切ない期待とともに、人や社会に働きかけ続ける人々が、いつもいつも存在している。瀬野さんも、竹を伐ってきた中学生たちも、そうした働きかけを浴びながら成長してきたはずだ。そのような営みが脈々と受け継がれてきた時間の突端で、私たちは生きている。そしてそれを、さらに未来につないでゆく。

第二章

# 戦後日本型循環モデルの終焉

## 1　格闘する思想

（聞き手　本橋哲也）

本橋　ご専門の教育社会学についてまず教えていただけますか。

本田　教育学は、総じて、あるべき教育を規範的に追究したり、有効な教育手法を開発したりする学問ですが、教育社会学は、現実はこうであるということを示す学問ですね。その特徴の一つは、データでものを言うことです。

本橋　本田さんのご本にも、データがたくさん出てきますよね。

本田　思い込みでものを言うことへの恐ろしさのようなものが私自身あります。

本橋　思い込みは私の日常ですけど（笑）。

本田　個人的経験だけに基づいて偉そうに説教を垂れるおやじとか、大嫌いなんです（笑）。

### †教育・仕事・家族の特異な連関構造

本田　「教育社会学とはなにか」という問いには、次のように答えられると思います。教育を狭義に捉えれば学校教育制度、広義に捉えれば家族や企業の中での人材形成を含んだものになるのですが、そういう教育なるものの実態を社会学的アプローチを使って把握していく学問であると。

ただ、一般的には進路選択であるとか、学力格差であるとか、学校教育制度の内部プロセスを扱うことがやはり多いと思います。私の関心は、そういう主流の教育社会学を少しはみ出しているところがあります。

修士論文を書くとき、タルコット・パーソンズやニクラス・ルーマンを一応勉強したのですが、その際に私が得た枠組みというのがこうなんです。ある社会の特徴や現状を把握するためには、社会システム間——社会領域間と言ってもいいですが——の関係を追究すべきということ、さらにそういう社会システム間関係の比較歴史社会学が不可欠であるということ。端的に言うと、学校の外の社会領域、たとえば仕事や家族との関係において教育を捉える必要があるということです。私はまだその壮大な枠組みのほんの一部しか着手できていませんけれど。

本橋　内部過程を見ているだけではダメということですね。

本田　そうです。私自身、一時、厚生労働省の研究機関に入って労働分野に足を踏み込んだということもありますが、教育とその外部との関係という観点から見ると、従来のように学校内部の教育達成に関心を特化させた「メリトクラシー」（「業績主義」が支配的なルールになった社会）の枠組みは、現代の若者を捉える上で、あまりにも硬直的で鈍感すぎるんじゃないかという感覚がありました。

本橋　これまで地位や収入を支えてきた成績や資格などを重視する「メリトクラシー」が後景に退き、コミュニケーション能力のような人間性や感情にむすびついた測定しがたい能力や性向を成功のカギとする社会に移行しつつあると本田さんは分析されて、「ハイパー・メリトクラシー」という概念を打ち出されましたね。

本田　ポスト近代社会において、産業構造や価値観の変容によって、従来型の認知的な能力、何冊もドリルをこなせば身につくようなものとはまったく違う多様性や新奇性、創造性、ネットワーク形成力など、伝達も習得も計測も困難な能力が必要とされるようになってきました。さらに若者側にも、高い地位や収入だけでは満足できない状況が生まれてきています。別の所に価値をおきはじめている若者がいることは、階層研究のなかでも指摘されていたのですが、教育社会学のなかではそのような現実に対して十分感受的ではありませんでした。

**本橋**　なるほど。本田さんはご著書の中で日本のポスト近代社会においては、いわゆる高度経済成長構造を支えていたような、「教育」と「仕事」と「家族」という社会領域の連関構造が崩れてしまったとおっしゃっていますね。

**本田**　日本では、高度経済成長期からバブルが崩壊するまでのあいだに、「教育」「仕事」「家族」、この三つのあいだに独特の連関構造が成立してしまっていたと私は考えています。この三つの社会領域のあいだには、それぞれ互いに資源をぐるぐると投入し合うような形で、一見極めてスムーズな循環関係が成り立っていました。

学校を出ればすぐ、新規学卒労働力として仕事の世界に典型雇用の形で移動し、仕事の世界では順調に上がっていく賃金を、家族形成や家族の維持につぎ込むことができていました。ちょうど子どもの教育費が高くなる頃に賃金も高くなるような、そういう生活給的な年功賃金でしたから、それを次世代の教育費用につぎ込み、さらに重要な教育エージェントとしての母親が高い教育意欲を子どもの教育に向けて注ぎ込む……。そういう循環構造が成り立っていたわけです。

しかし、このような循環が成立していた頃からすでに、そこには二つの病理が内包されていたと思っています。その一つは、各システムがいずれも、次のシステムを目指して作動していたことによって、それぞれ自身の中身は、ある種空洞化していたことです。

本橋　教育の領域では、いい会社に入るために勉強するのであって、学ぶこと自体の意味や意義が問われなかった。

本田　そうですね。

本橋　問題が限りなく先送りされるような形になるわけですね。

本田　その先送り主義が病理の一つだと思っています。

　二つ目の病理は、そういう先送り主義の循環を駆動していたエンジンが、エゴイズムだったということなのです。つまり、うちの子は少しでもいい学校に入れたい。パパもとにかく昇進競争に勝ってもらって、できるだけ大きい一戸建を買って、車もワンランク高いものにして、テレビも大きいものにして、みたいな。

本橋　経済成長とエゴイズム。

本田　自分と自分の家族のメンバーに閉ざされた利害でもって動いているわけです。

本橋　社会的な連帯みたいなものが、非常に育ちにくいわけですね。

本田　そうです。そういう非常に狭いエゴイズムによって駆動されていたという点でも、循環関係が成立していた頃から、病理があったと思うのです。

## †下からの公共性が政府の衰退を加速？

**本橋**　かなり痛い話ですね。

**本田**　そういう循環が、九〇年代に入って崩壊しました。あるいは、そういう循環構造が当てはまる層が、社会の中でぐっと細くなってきたとも言い換えられます。仕事の世界の変容を主な原因として、教育の世界から仕事の世界にスムーズに入っていける層というのは細くなりました。いまもう三分の一は非典型雇用です。非典型雇用の場合は、そもそも家庭をつくることができる収入さえ得られない場合が多い。男性の非正社員の未婚率は極めて高いですし、まして子どもをもつことはいっそう難しい。

それだけでなく、典型雇用の場合であっても、いわゆる「なんちゃって正社員」、つまりただサービス残業をさせるためだけのような名ばかりの正社員が増えてきているのです。労働条件がどんどん切り下げられ、年功賃金が想定できなくなっている。しかし他方で、いまなお十分な賃金を家庭に持ち帰れる一部の層においては、従来以上に循環が過熱するような状態もみられます。

本橋　それを修正するのが社会や政治であるべきですね。

本田　このように、エゴイズムに駆動された循環が広範に成り立たなくなっているとすれば、論理的に考えて、これを補う公共性を想定せざるをえなくなります。

一つは上からの公共性としての行政ですね。もう一つは、草の根的なＮＰＯや社会運動、労働組合のような、市民が自分たちで自発的につくるような下からの公共性です。

下からの公共性はいま、ある程度育ってきている面があります。ただ、上からの公共性のほうはほんとにお寒いかぎりで、民間活力に期待するという言い訳が成り立っているがゆえに、むしろ切り下げられています。

善意に基づいている下からの公共性が、むしろネオリベラリズムと共振関係に立ってしまい、福祉の衰退を手助けしてしまうような現実さえ、いまはあるわけです。

本橋　「グッドウィル（善意）」の力学が働いて違法な派遣会社だけが儲かる。

本田　武川正吾さんが書かれた、『連帯と承認――グローバル化と個人化のなかの福祉国家』（東京大学出版会、二〇〇七年）という本があります。日本はヨーロッパに遅れて七〇年代に福祉国家として離陸した。しかし七〇年代はすでにヨーロッパ的な福祉国家が、福祉国家の重荷に耐えきれなくなってネオリベラリズムのほうに転換を遂げ始める時期です。

日本はそのような国際的な環境条件のゆえに、福祉国家として十分な発育を遂げることができなかったと武川さんは指摘しています。それなのに、さらに現在のネオリベラリズム的な風潮に乗って、一層その福祉国家的なものを手放そうとしている。

たとえば、日本のGDPに占める公教育支出というのは、OECD諸国の中で最低水準です。国がお金を出さなくとも、家族が熱心に費用を払うということが前提であったこれまでの体質から、抜け出そうとしないどころか、むしろ予算削減への圧力が強い中で、現状維持で精一杯ですね。

さらにもう一つ注目されるのは、日本の若年者の就労支援に関する支出の少なさです。一九九三、四年ぐらいから若年者の就労状況が明らかに悪くなっていたのに、支援政策に着手したのはようやく二〇〇三年になってからです。

日本の「若者自立・挑戦プラン」、あるいは「再チャレンジ支援政策」と言われるものはほんとうにすかすかです。たとえば、いま若年の非正社員は三〇〇万人を超えていますが、それに対する施策は、何千人とか数万人とか、非常に小さい規模のメニューが並んでいるだけです。

**本橋**　イギリスなんかの場合は、一九五〇年代以来の福祉国家の上からの施策と、その中でそれなりの生活を築いてきた人々の意識というものがあるわけですよね。政府としても、そうした声、世論を無視できない。

**本田**　『講座社会学13　階層』（東京大学出版会、二〇〇八年）という本に、苅谷剛彦さんの興味深い論文（「高度流動化社会——一九九〇年代までの戦後日本の社会移動と教育」）があります。イギリスでは長期にわたって社会の中に、労働者階級が分厚く存在してきたということが、あとから出てきたホワイトカラー的な、あるいは学校教育中心主義的なメリトクラシーというものに、対抗しうるメンタリティをもたらしていました。

一方、日本は五〇年代まで農業国でした。それから農民層が急激に減り、ほぼ同時に労働者階級が増え、産業化へのドラスティックな転換が極めて急速に起こりました。しかも時を同じくして、ホワイトカラー人口が伸び、中等以上の教育への進学率が伸びていくという状況が生じた。

**本橋**　それがある意味で総中流階級みたいな幻想をもたらした。

**本田**　そうなんです。これが総中流階級の幻想を生み、学校における知識の習得度が、ある種、人間全体にとっての一元的な尺度となりうるような状況をもたらしたのです。その成れの果てみたいなところに、いまはきているわけです。

## †階層的な有利さに目隠し?

本田　イギリスのフィリップ・ブラウンという社会学者は、メリトクラシーからペアレントクラシーへの変化が生じていると言っています。ペアレント、親ですね、親による子どもの育て方であるとか、ブルデューが言うところの、ハビトゥス(habitus)みたいなものの伝達が、子どもの地位達成においていっそう重要化しているということを言っている。

ブラウンのペアレントクラシーや、私が言うところのハイパー・メリトクラシーの特徴は、地位達成に向けてのプロセスにおける手続き的な公正性みたいなものは問われることなく、とにかく勝った者勝ち、結果オーライであるという点です。当然、出自や親、家族の影響など、初発の格差が結果には入り込んでいるわけですが、とにかく最終的に個々人がいかなる成果をあげえたかだけを見て評価する。

アリストクラシー(貴族制)であれば貴族の家柄が、メリトクラシーであれば高い学力や知的能力を示したということが正当性の根拠でした。でも、ハイパー・メリトクラシー、あるいはペアレントクラシーにおいては、正当性は要するに誰かが成功しているという結果から事後的にしか導きえない。

確かに特定の層が、非常に多くの文化的・経済的・社会関係的な資源を持っていて、それを子どもに投入した結果、子どもが社会で成功する確率はその層で高くなります。でも、そのように相対的に有利な層であっても、ちょっとやり方を間違えば、子どもがバーンアウトしたりすることはあります。だから、そういうケースをある種の免罪符のようにして、出身階層による確率論的有利さみたいなものに、目隠しをしようとする向きがあると思います。

経済成長が止まり始めると、膨らまないパイをどう分け合うかが重要な課題になってきますよね。そうすると有利な層は、自分の有利さを維持するために、ゲームのルールを自分に有利なようにゆがめ始める。ハイパー・メリトクラシーにはそういう面があります。

本橋　そうすると、ハイパー・メリトクラシーはやはり依然エゴイズムによって駆動されているということですか。

本田　そうですね。

本橋　問題の根は深いですね。

本田　特に、有利な層においてエゴイズムが強く見られるようになっているように思います。その意味で『論座』(二〇〇八年三月号)の「ポスト・ロストジェネレーション!」特集は興味深かったです。座談会に出ていた、威信の高い大学を出て有名企業に入った若者は、自分が恵まれていることの源泉や背景に対して、極めて無自覚です。逆に、かつかつの低い給料で食べているような苦労している子たちが、人の役に立ちたい、社会を何とかしたい、と言っている。

**本橋**　なるほど。いまのお話をうかがうと、日本の大学教育のあり方を再考することが、一つの鍵になるような気がします。

**本田**　日本では教育費負担は家計に依存する度合いが極めて高いのですが、これがもっとも典型的なのが高等教育なのです。高等教育における私学の比率が大きくて、しかもその私学の学費が高いという点で、先進諸国の中では日本は韓国と並んですごく特徴的ですね。教育経済学者の矢野眞和さんは、「教育費の負担構造というのは『隠れたカリキュラム』だ」とおっしゃっています。つまり、たとえばヨーロッパでは、自費の負担が極めて少ないため、高等教育を受けた人は、「自分は税金によって高等教育を受けることができた、それを社会に返さなきゃいけない」という気持ちになる。

**本橋**　そういう状況が、ヨーロッパでは「ノブレス・オブリージュ」(恵まれた者の義務)的な発想を育む土壌として有効に機能している。

本田　そうですね。それが日本には欠如している。

もう一つは教育内容の問題です。大学に話を絞りますが、やはり日本の大学は、入学時点の選抜の度合いという面でしか社会から評価されてこなかった部分があるわけですね。でも、いま、ようやく大学の教育内容に関心が向き始めています。

ジェネリック・スキルという言葉、ご存じですか。「人間力」と似ていて、非常に汎用性、転用性が広い知識のことです。そのような知識を身につけうる大学教育とは何かという議論が進んでいたり、あるいは経済産業省が、大学と企業を連携させて、「社会人基礎力」なるものを育てるカリキュラムを試行的に導入したりしているわけです。

ただ私は、それに対して懐疑的です。「人間力」というのは、先述のように、結果オーライであるということと、そもそも評価する者の恣意的かつ主観的な判断というものが、すごく入り込むからです。

本橋　官僚なんかに判断されたくない（笑）。

本田　ただ、大量生産の時代から高付加価値の多品種少量生産の時代へと変化して、現在はふつうに標準的なものを作っても売れないような状況にあります。実は「人間力」的なもの、新奇なものを作り出す柔軟な能力への需要が高まっているのも、ある種やむをえない面があるのです。

で、これにどうやって折り合いをつけるか。私が主張しているのは、ちゃんと専門性をつけたら、実はこっそり「人間力」もついていますよ。そういう二方面作戦的なやり方です。

## †企業のフリーハンドに抗う「柔らかい鎧」を

本田　ただし、それが有効に機能するためには、いくつもの条件が必要です。その一つは、専門性というものの内実にかかわります。日本のこれまでの大学の専門性というのは、学術専門性だったのです。たとえば経済学部の中も、マルクス経済学、近代経済学、経済史といったように、学問分野によって学科やコースが分けられている。これに対して、たとえばアメリカの大学であれば、パブリック・リレーションズ、ヒューマン・リソース・マネジメント、ファイナンスなど、企業内での部門とかなり対応した形でのコースが組まれる場合が多いのですが、そういう形での専門性の組み替えというものが一つ必要だと思います。

もう一つは、私が講演などで専門性の重要性を主張すると、「専門バカをつくるだけでしょ」といったような反発があるのです。他方で日本には、専門性信仰みたいなものもあるのですが。

本橋　資格信仰とかですね。ある専門性や資格をとっておけば、一生食べていけるみたいな。

本田　ええ、そういう専門性に対する愛憎のようなものが並存しているのです。でも、私はどっちも違うだろうと思っているのです。それで最近私が提唱しているのが、フレックスペシャリティという概念です。

本橋　きょうはカタカナ造語満載（笑）。「柔軟な専門性」ですか……。

本田　専門性というのはあくまで入り口であって、ある専門性から隣接分野にずれたり、あるいはその分野を広げて膨らませていったりすることによって、いつのまにかより包括性・一般性・転用可能性が高い知識やスキルにつながっていく。でもそのための切り口、入り口、初発の足がかりとして、特定の専門性は必要なものなんだ、ということを打ち出しているのです。

それによって、個人が自分のキャリアに対するコントロールというものを、ほとんど奪われている今の日本に対して、まず個人に、ある一定の専門性の暫定的な主張、「柔らかい鎧」を与える。でも、それはあくまで柔らかい鎧でなくてはいけない。変化の激しい社会の中では、ある専門性に固執しているということは、命取りになりかねませんから。一応の専門性で身を守りながら、ある意味ずる賢く状況の変化に応じ、もとの専門性にかすってくるような様々なものを取り入れて膨らんでいったりとか、特定の方向に伸びていったりとか……。そういう柔軟さのもとになるものとしての専門性というものが必要なんです。

**本橋**　「教養」ということに近い気がしますね。

**本田**　日本の会社の中での働き方というのは、解雇権の濫用を防ぐ判例法理というのがありますから、解雇しにくいけれども、内部的な柔軟性が非常に高くて、配転であるとか、転勤であるとかは、極めて頻繁に行われていますね。会社に包括的人事権が委ねられている。

九〇年代から会社の雇用のあり方が変わることによって、雇用の安定や年功賃金は細ってきているにもかかわらず、会社の包括的人事権はさらに大きくなっている。労働者を正規・非正規に仕分けしておいて、非正規労働者には、「安く働け、さもなければいつでも首切るぞ」。正社員に対しては、「一応囲っておいてやる、その代わり何でも言うことを聞け」というような、潜在的脅迫がはたらく余地が広がっている。

そのように、労働者が人格や感情の全体まで評価にさらされ、恣意的な判断を押しつけられて生きなくてはならなくなっている中で、自分の働き方、キャリアに対するコントロール、一定の主体性を何とか主張していくためには、やはり「鎧」は必要なのです。そのための装備として、専門性というのは欠かすことができないと思っているのです。

一方で、産業界からの、より柔軟な能力に対しての需要はある。この両者に何とか折り合いをつけるために、私はフレックスペシャリティということを、本気で言っていかなければいけないと思っているんです。

## †母親たちの肉声を伝える

**本橋**　『「家庭教育」の隘路』（勁草書房、二〇〇八年）という本についても触れたいと思います。先ほどお話しいただいた問題は日本において、実は家庭の母親たちに、経済的にも時間的にも、特に心理的なプレッシャーとしてのしかかっていますね。日本の女性にとってのライフプランとして、どのようなものが考えられるでしょうか。
**本田**　もともと日本の女性は、日の当たる華々しいこと以外のゴタゴタは何でもやっといてくれ、みたいなところにずっと据え置かれてきました。その一方で、女性も社会進出、男女共同参画社会とか言われているわけです。社会全体がダブル・バインドどころか何重ものバインド状態であるうえに、さらに女性には固有のバインドが加わっているので、何をもって自分の存在意義の証明としたらいいのか、とてもわかりにくくなっています。その中でも、結婚して幸せな家庭を築き、子どもを育てるという価値を求める気持ちは強く残存しているけれども、それは得難くなり、稀少化している。だから一度手に入れたら完璧に達成しなければならないというプレッシャーが、母親たちには強く働いていると思います。

**本橋**　「パーフェクトマザーになれ」みたいな。

**本田**　そうですね。

**本橋**　この本では母親たちへの聞き取りをデータとして解析するだけではなく、忠実に文字に起こされていますね。

**本田**　社会の変化が激しくて、いままで想定してもいないようなことが起こっている、若者や母親の世界について、現実を把握しようと思うと、やはり質的なフィールドワークは、ほんとに重要だと思います。その肉声は、それがたとえ一人の人間の肉声であっても、紛れもない社会的現実だと思うのです。

**本橋**　彼女たちの声が届いてきて胸をうたれました。

**本田**　あまりその事例に引っぱられすぎると、特殊な事例で一般化するべきではないという批判が、つねにつきまといますが。

いま、いろいろなことが不可視にされていると思うのです。見えなくされている。あるいはなかったことにされている。無視されていたりとか。そういう中で、肉声のリアリティを束にして示すということが、ひしめくようにして苦しんで生きている人間たちがいるということを説得力をもって社会に打ち出すためには、やはりすごく重要だと思います。

本橋哲也（もとはし・てつや）　一九五五年生まれ。東京経済大学コミュニケーション学部教授。専門は、英文学、批評理論。著書に『思想としてのシェイクスピア』（河出書房新社）、『ポストコロニアリズム』（岩波新書）、『格闘する思想』（平凡社新書）、『深読みミュージカル』（青土社）ほか。訳書にチョムスキー『メディアとプロパガンダ』（青土社）などがある。

## 2　激動する社会の中に生きる若者と仕事、教育

### †社会変化の見取り図

今の日本社会の状況、あるいはその中に生きる若者のことを理解するためには、日本社会がどのような歩みで今まで変化してきたかということを、最初に押さえておく必要がある。図1は、横軸に一九六〇年代半ばから直近までの時間の流れを取り、縦軸には左側の縦軸がパーセンテージ、右側が実数で万人単位という単位を取り、その中に、長期的に手に入れることができるさまざまな社会指標、統計データを一度に書き込んでみたものである。縦の点線は、戦後日本社会を時期区分するとすれば、その境界になるであろうと考えられる時期を示す。この時期区分は日本の経済成長率の推移と対応している。

日本の経済成長率の推移を見ると、五〇年代の後半から七〇年代の前半までの時期は、

年平均九・一%という、極めて高い水準であった。しかしその時期は七三年の石油危機で終わりを告げ、その後七〇年代の後半から八〇年代は、平均四・二%の安定成長期となる。その後、九〇年代の初頭に、バブル経済の崩壊をきっかけにして安定成長期も終わりを迎え、それ以降現在に至るまでの経済成長率は平均〇・九%という低水準になっている。特にいわゆるリーマン・ショックにより成長率は著しく低下し、それからの回復の兆しが見えた頃に今度は東日本大震災が起き、その後政権交代を経て、今後の動向は予断が許されない現状にある。

図1からは、このような経済の推移が、他のさまざまな社会指標にも反映されていること、またオイルショック前後の社会変化よりもバブル経済前後の日本社会の変容のほうが深甚であったことがわかる。バブル経済後に著しく増加している指標として、完全失業者数、非正規雇用者比率、貯蓄非保有世帯比率、生活保護受給世帯数などが挙げられる。つまり、仕事や収入や貯金といった、生活を維持していく上での最も基礎的な土台となる部分が、掘り崩されている状況にある。

図1でもう一つ注目されるのが、大学・短大進学率である。日本の高等教育は非常に私立が多く、その分学費が高いという、世界でも際立った特徴を持っているが、そのように

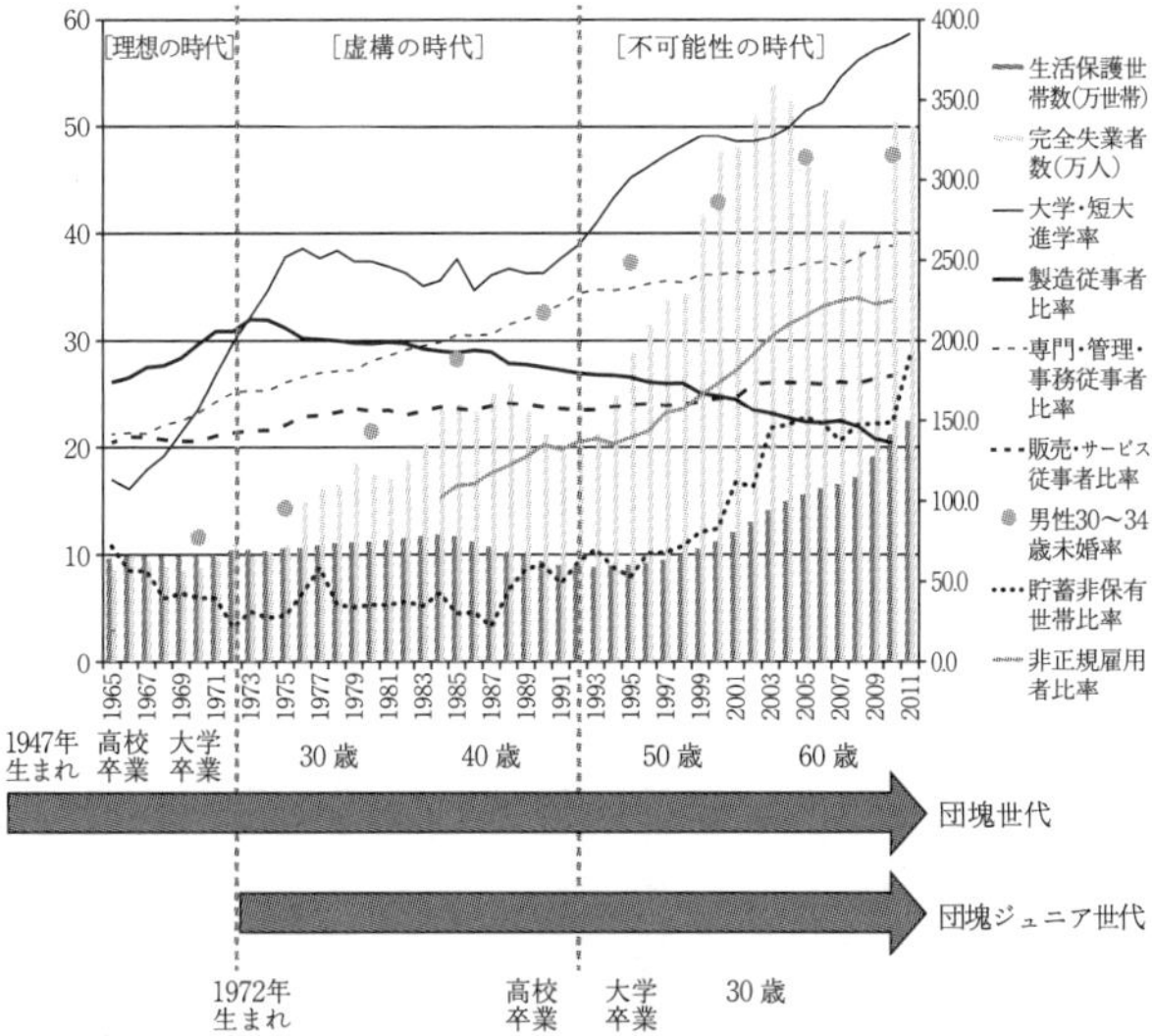


図1　戦後日本社会の変化と二つの世代

高額な高等教育に進む者が、社会の土台が抜け始めている同じ時期において増加している。その背景には、大学の入学定員に対する規制の緩和、高卒求人数の激減などの事情があるが、結果として生じたのは、拡大した高等教育の出口において安定した仕事に就けない若者の増加である。つまり、教育システムの出口である高等教育の卒業という時点で、就労機会がボトルネック化している。

以上のような長期的な社会変化に対応させる形で、日本社会に存在する二つの人口規模の大きい世代の人生を描いてみたものが、図1下部の二本の矢印である。その一つは団塊世代であり、この世代は高度経済成長期に高校や大学の卒業を迎えていた。この時期は産業界の若年労働力需要が旺盛であったため、団塊世代は比較的スムーズに就労を開始することが可能であった。その後、団塊世代は壮年期を安定成長期に過ごすが、安定成長期とはいわゆる日本的雇用慣行が定着深化する時期であり、その担い手となっていたのが団塊世代であった。

そして、この世代が五〇代という人件費が最も高くなる年齢に達していた時期が、バブル崩壊後の一九九〇年代であったことが、この時期の日本企業の低迷の一因であったと考えられる。それを裏づけるのが、中高年社員の多い企業ほど若者世代の新規採用がいっそう困難になっていたという、労働経済学の検証結果である。そして現在、団塊世代は労働市場からの退出期にさしかかっている。

もう一つの人口規模の大きい世代とは七〇年代前半生まれの団塊ジュニア世代であり、この世代以降に生まれた若者たちのほぼすべてが、教育機関卒業後に、前述のように基盤が崩壊しつつある日本社会の中に足を踏み入れている。

### †戦後日本型循環モデルの成立

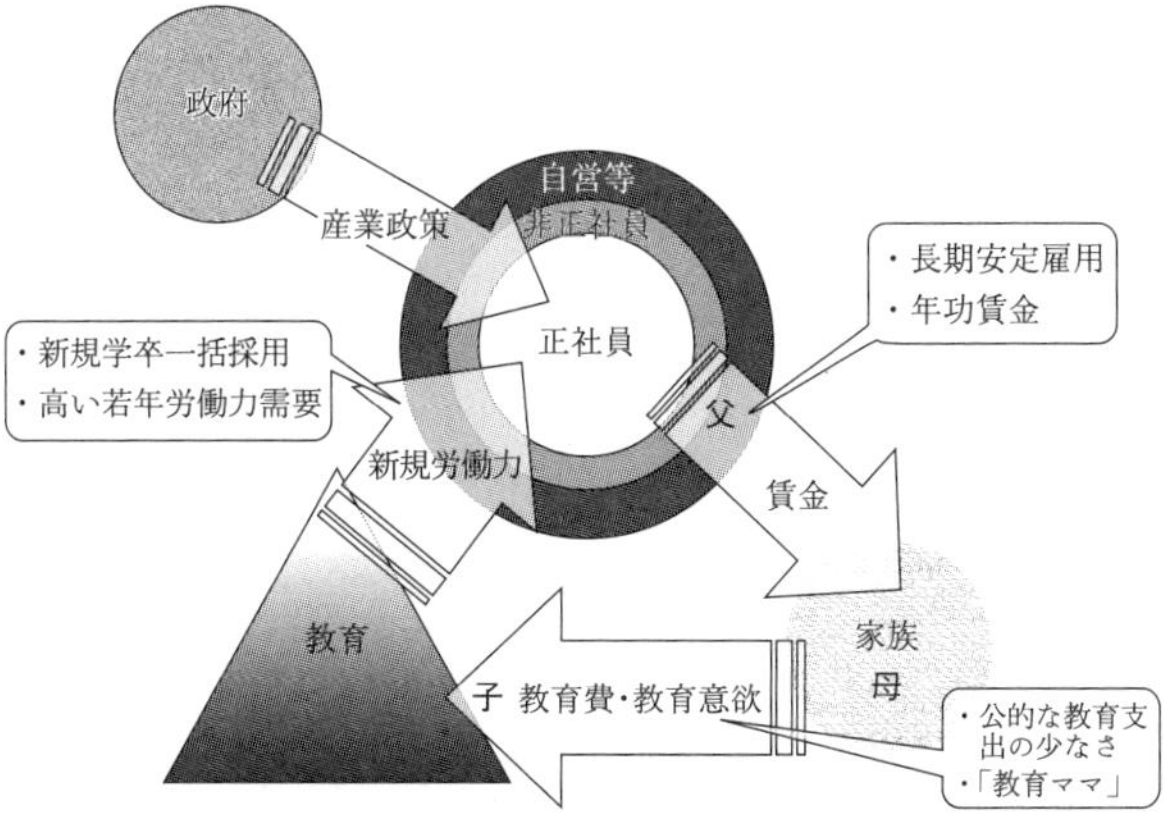


図２　戦後日本型循環モデル

続いて図2は、高度経済成長期から安定成長期にかけての日本社会の基本構造である「戦後日本型循環モデル」を、模式的に示している。これは非常に日本独特な循環のあり方であり、その特徴は、教育・仕事・家族という三つの社会領域の間に、ある社会領域のアウトプットを次の社会領域のインプットとして注ぎ込むような堅牢な矢印が、一方向的に成立していたことにある。戦後日本においては、教育・仕事・家族それぞれの近代化が、タイミングとスピードを一にして形成されてきたという経緯があるが故に、それらの間に循環関係が非常に強固に成立した。

そして、三つの矢印の中身をより具体的に見ていくと、いずれも「日本的」という言葉で形容されるものであることも、この循環モデルの特殊さを示唆している。たとえば、教育と仕事の関係に関しては、新規学卒一括採用という独特な慣行が成立している。新規学卒一括採用は、以下の諸点をその特徴とする。

第一に、若者が高校や大学に在学中に、学校の教員や就職部の支援を受けながら就職活動をすること。第二に、卒業よりもずっと前に内定を取っておく場合が多いこと。第三に、年度替わりとともに全く時間的なすき間なく、正規の生徒や学生だった時点から正規の社員・職員へと移行すること。そして第四に、学校で学んだことと会社での仕事の内容との間の対応関係が非常に希薄であることも特徴である。これは例えば看護のような専門教育と専門職との対応関係においては当てはまらないが、日本で非常にボリュームが大きい人文社会科学系の学部から会社の事務系の仕事に移行する場合には、内容的な対応関係はほぼ存在しない。

このように独特な新規学卒一括採用が成立した背景には、高度経済成長期の非常に高い若年労働力需要があった。当時の著しい人手不足のもとで、卒業を待たずに内定を出しておき、卒業とともにただちに入社させる採用の仕方が広がっていったのが、一九六〇年代だったのである。そうした背景から、日本の教育と仕事の間には、少なくともバブル経済が崩壊するまでは、緊密な接続関係が成立していた。

　このような新規学卒一括採用を通じて正社員になれば、業種や企業規模により収入の差などは存在していたが、特に男性については、長期安定雇用と年功賃金という日本的雇用慣行の特質には与ることができた場合が多い。そうした生活の安定や確実な将来展望に基づいて、当時の若者たちは結婚して家族をつくることができていた。そして主な働き手としての夫＝父親が持ち帰る賃金を受け取り、さまざまな消費行動によって家族の生活を豊かにしていたのが、家族の主な支え手としての妻＝母親である。しかし母親のもう一つの大きな役割は、次世代である子どもの教育に対して、費用と意欲を非常に熱心に注ぎ込むことであった。

　その背景には、日本の政府は学校教育に対して、税金から学校教育を支える費用を投入している度合いが非常に低いという事情があった。政府が学校教育への支出を抑制している分を、学校外教育で補いながら家庭が子どもの将来を支えてきた面があり、それが子どもの教育に家族が注ぎ込む費用の多額さをもたらしていたのである。

　また費用だけでなく、日本の母親は、教育に向けての意欲を子どもに注ぎ込む行動をも、きわめて積極的に取ってきた。「教育ママ」という言葉や、いわゆる国民的アニメに見られる日本の母親のプロトタイプがそれを示している。このように家族から注ぎ込まれる費用と意欲によって、日本の教育は支えられてきた面が大きかった。

このような循環が、教育・仕事・家族という三領域の間で成立していたため、日本の政府は公共事業を代表とする産業政策を通じて仕事の世界を支えてさえいれば、教育や家族に対する直接の財政支出を低水準に抑制することが可能だった。この戦後日本型循環モデルが、高度成長期・安定成長期の日本社会を覆っていたのである。

## †戦後日本型循環モデルが内包する問題

このモデルは一見効率的に見えるが、このモデルそのものを原因とするようなさまざまな問題が、日本社会の各所で顕在化していたことを忘れてはならない。たとえば、教育と仕事を結ぶ矢印があまりにも存在感を増してしまったが故に、教育の世界の中では、「いい成績を取っていい高校や大学に入り、いい会社に入る、そのために勉強する」という、外発的な学習への動機づけが蔓延するようになっており、それは今なお続いている。

その結果、一九七〇年ごろから日本社会では、さまざまな教育問題が指摘されるようになっていた。受験競争の激化・早期化、その背後で進行する落ちこぼれ、あるいはストレスからくる不登校や校内暴力、それらを押しとどめるための管理教育などにより、日本の学校教育は、一九七〇年代から八〇年代にかけて、諸問題の圧力釜のようになっていた。

同様のことが、ほかの関係についてもいえる。父親は、妻子を養うためには、会社に何を指示されても受け容れて働き続けなくてはならず、それが「会社人間」とか「社畜」とか呼ばれる企業組織への従属につながっていた。

一方、日本の家族も、一つの歯車として、この循環にしっかり組み込まれていた。それは、父親は仕事の世界に、子どもたちは学校の世界に主に所属しており、家族に専従していたのは母親だけという状況をもたらしていた。それゆえ、表面的には家族の成員であっても、家族独自の親密な関係性や充実した余暇時間は、これまで日本で十分に成立してこなかったことが指摘されている。

以上を要するに、戦後日本型循環モデルは、何のために学ぶのか、何のために仕事をするのか、何のために人と愛し合って一緒に住むのかという、人間の生涯にとって非常に重要な意味を持つはずの、家族・教育・仕事の本質的な存在意義や価値を、掘り崩すように作用していたのである。

## †破綻を迎える循環構造

この循環構造が、九〇年代のバブル経済の崩壊以降に変容する（図3）。図2との違いは、矢印が実線のものと点線のものとの二本に分かれていることであり、これは、アウトプットをインプットとして注ぎ込む従来の矢印が細くなった部分に、もはやうまく資源を流し込めない矢印が現れている状態を示している。

バブル崩壊後に最初に変化したのは、仕事の領域であった。バブル経済が崩壊して長期不況に足を踏み入れ、ちょうど団塊世代が賃金の高い企業上層に大量に存在していたこの時期において、日本の企業は新しく正社員を採用する余力がない状態になる。その結果、企業は非正社員を活用して事業を維持する選択を取った。同時に、正社員の中にも、賃金水準などが劣悪な周辺的正社員が増加する。

このように仕事の世界が格差化し、全体として労働条件が劣悪化するという事態が起きた結果、教育を終えても安定した仕事に就けない層が明らかに拡大した。自分の家族を形成できないような低賃金しか得られない若者も増えているにもかかわらず、男性稼ぎ手規範や性別役割分業の考え方自体にはまだ大きな変化が生じていないため、晩婚化・未婚

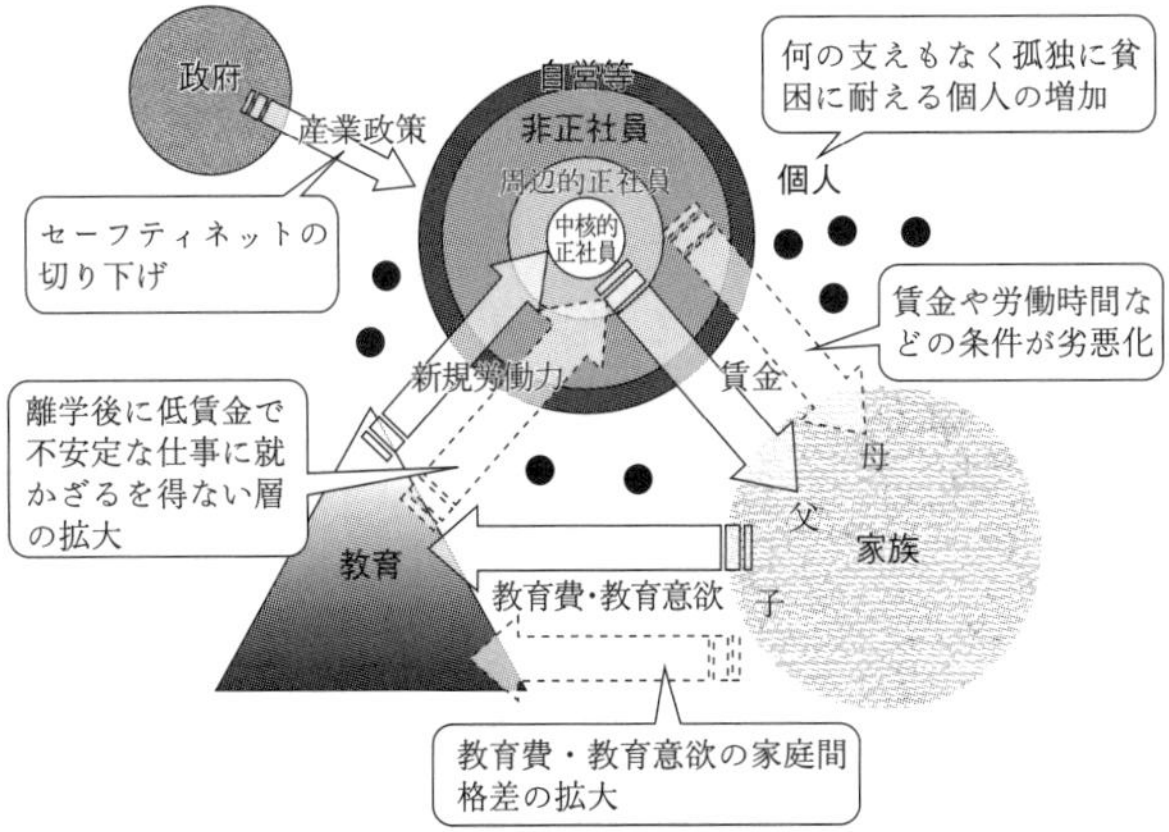


図３　戦後日本型循環モデルの破綻

化・少子化が進行している。何とか家族を形成できたとしても、賃金に大きく差が付き始めているため、子どもに投入することができる費用、あるいは意欲さえも、家族の間で格差が拡大している。

　比較的余裕がある層の中には、過剰に教育熱心で子どもに介入しすぎる家庭も現れているのに対し、他方では子どもへのケアの余裕がないような家族も増えてきている。また、子どもに対する家族の姿勢にも差が付き始めている中で、教育の世界において小学校や中学校の教室内で、子どもの間の差が広がってきている。依然として一教室当たりの生徒数が多い中で、すでに塾で先取り的な学習をしている生徒と、家族の困窮や不仲のために学習に気持ちが向かわない生徒とが、同じ教室の中に共存しているのだ。そのような状況下で、教育を維持していくことが難しい状況に日本の教員たちは置かれている。

このような形で、戦後日本型の循環は崩壊し始めている。それ故に、家族の支えも、学歴という支えも、仕事という支えもなく、孤独と貧困に耐えざるをえない個人というものが増えてきている。しかしこの間、日本の政府は、従来から少なかったセーフティネットを拡充するどころか、むしろ切り下げる方向に進んできている。直近の事態としては、二〇一三年の八月一日から、生活保護の額が、子どもがいる家族ほど大幅に切り下げられるということが起きている。政府が財政難を理由に、人々の一番基本の生活を支えるという役割を果たしてきていないため、循環そのものが壊れていることに加えて、その周囲も真空状態のような状況にある。これが今、我々が生きている日本社会の基本的な「かたち」である。

## †能力主義という共通項

このように九〇年代以降、社会の構造が変わる中で、かつてから不平等ではあったが一応の凝集性を保っていた日本の人々の間には、分断された各層が、有利・不利の度合いにおいて縦に並ぶような状況が、各所で起きている。それを示すデータは数多い。しかも、単に縦に並ぶだけではなく、それぞれの層が置かれている状況が質的に異なるようになってきている。互いに質的に異なる、それぞれ別の意味できつい現実に直面している各層の間で、軽蔑や憎悪が増大しているのである。

ただし、この分断された各層の間に共通するような点も見られる。その典型は、能力主義である。能力主義というのは、人々の状況、たとえば地位や収入などは、その個々人の能力によって決められるべきだという考え方のことを意味している。このような考え方が人々にあまりにも強く共有されていることにより、比較的に有利な状態を確保できている層は、これは自分の能力や才能や努力で獲得したものであって、それを再分配などする必要はないという発想になりがちである。かたや、窮状にある層も、その原因を自分の能力に見出しがちであり、自己否定的になりやすい。いずれも、社会の構造的な問題を問う方向には向かわず、それぞれの個人が何とか生き残るしかないという発想を深めることにより、破綻した戦後日本型循環モデルをいっそう悪化させるように作用している。

その結果、日本社会は総中流社会、平等社会どころか、世界的に見ても貧困や格差の面で問題の大きい社会となっている。それにさらに被さるように、日本社会には大変厳しい波が押し寄せており、その一つが世界の中でもっとも急速に進行している高齢化である。それにより、社会的な機能を維持するために必要な労働力規模が確保できるかどうかわからないような状況があるにもかかわらず、減少しているがゆえに大切であるはずの若者が無残に使い捨てられるという、パラドキシカルなことが起きている。もう一つは、かつてからの構造ではあるが、日本社会の中には大きな地域間格差があり、東京が日本じゅうの富や諸資源を吸い上げるような構造があるため、地方の地盤沈下や疲弊は著しい。

以上に述べてきたように、現在の日本社会は、サステナビリティが危ぶまれるような危機的な状況にある。こうした基本認識の中で、個別の現象や対処を考えていく必要がある。

## †仕事の現状

続いて、それぞれの社会領域の現状について、改めて詳細に検討する。

まず仕事の世界に関しては、先述の通り九〇年代以降、正社員比率の減少と非正社員比率の増大という事態が起きている。ここで注意すべきは、増加を遂げている非正社員を可能な限り正社員にするという方向で、さまざまな政策や提言などが打ち出されがちだということである。非正社員の処遇は確かに劣悪なので、正社員に転換することが必要だという認識のもと、キャリアカウンセラーやジョブカフェなど、さまざまな施設や機関を設置して正社員就労を支援するという施策が、二〇〇〇年代の初頭から繰り返し実施されてきている。内定がないまま卒業を迎えようとしている新規学卒者に対しても、正社員の就職先を何とか紹介しようとする政策が打たれがちである。

しかし私は、これらを「突っ込んどけ雇用政策」と呼び、正社員に「突っ込んで」おくことを最終目的として、正社員としての働き方そのものを真剣に問おうとしていない雇用政策の体質を、批判的に指摘している。

それがなぜ問題かということを考える上で重要なのは、世界標準に照らした場合、むしろ異常なのは日本の正社員のほうの働き方であるということである。すなわち、日本の正社員と非正社員の特性は、それぞれ「ジョブなきメンバーシップ」、「メンバーシップなきジョブ」と表現することができる。「ジョブなきメンバーシップ」とは、日本の正社員が総じて、その人が何をどこまで担当すべきかという、ジョブつまり職務の内容と量に関する契約性や定義というものが非常に希薄なまま、組織にメンバーとして所属するかたちで雇用されていることを意味している。「就職ではなくて就社だ」と日本では言われてきたが、それは、自分がどういう仕事をするのか、その具体的な中身と分量が何ら規定されないままに、ある組織のメンバーに入れてもらうという働き方が、日本の正社員の特徴だということである。

このように、職務に関する契約がないまま正社員として仕事を始めるというのは、先進諸国、途上国を問わず、他の諸国ではほぼあり得ないことである。この「ジョブなきメンバーシップ」によって何が発生するかというと、まず一つは、ある人を採用するかどうかの判断が、組織のメンバーとして迎え入れていい人かどうかという採用基準になるため、そこでさまざまな差別が生じる。たとえば女性は、やはり出産・育児を人生の一時期に経験せざるを得ないため、全身全霊すべての時間を会社に投入するようなフルのメンバーとしては物足りない存在であると見なされがちであることから、女性に対する採用差別は今なおずっと続いている。

もう一つは経歴に関する差別である。日本の企業の採用担当者にヒアリング調査をすると、これまで無業や非正社員の時期があった若者に対する採用を躊躇する理由として、「そういう人は自由が好きなんでしょう。うちの会社に骨をうずめて一生懸命頑張ってくれる気になってくれるかどうかわからないんですよね」などと答える。しかし、それは明らかに経歴に対する差別である。企業にとって一番望ましいのは、これまでどこかの教育機関に生徒や学生として校章というメンバーシップの印を持っていた人に対して、別のメンバーシップとしての社員章にぱっと取り換えてあげることである。言い換えれば、正式なメンバーシップがなかった時期を持つ人間に対して、非常に厳しい見方をしがちであるのが日本の正社員採用の大きな特徴であり、それが参入障壁になっている。

## †正社員・非正社員どちらも過酷

しかし、この障壁を乗り越えて正社員になれたとしても、職務に関する契約が不明瞭であるため、職場の業務量が増大したり、人員を抑制する必要性が発生したりすれば、簡単に従業員個々人の仕事量が膨らんでいく。それに対する制度的、法律的な防波堤はない。それによって、時には死に至るような過重労働、長時間労働が容易に発生してしまう。それが「ジョブなきメンバーシップ」という日本独特の正社員の働き方の本質である。

他方で、日本の非正社員は、このような正社員とは正反対である。つまり、日本の非正社員は有期雇用であり、メンバーシップは大変希薄だが、ジョブの内容は決まっていることが多い。ただし、仕事内容は、ジョブではなくタスクと呼ぶほうが適切であるほど、細分化された作業の一つを指示されることも多い。この「メンバーシップなきジョブ」という特性によって、日本の非正社員は、雇用の不安定さ、低賃金、教育訓練機会の少なさなど、労働条件が劣悪になっている。このように対極的な正社員と非正社員は、働く者にとっていずれも別の意味で過酷であるが、働かせる側は、それらを適宜組み合わせれば、短期的には効率的な働かせ方を生み出すことが可能である。

さらに最近は、まるで正社員と非正社員の「悪いところ取り」をするように、法律や人権を容易に踏みにじるような働かせ方をする「ブラック企業」が増えてきている。つまり、正社員の無限定さと、非正社員の不安定さや低賃金という、それぞれの悪いところを併せ持つような働かせ方が、ブラック企業の中では進行している。

## †家族と教育の現状

次に家族の現状については、家族というものが非常に不安定になってきているにもかかわらず、セーフティネットが希薄な日本社会においては家族以外のよりどころがほとんどないため、人々が家族の中に閉じこもるしかないような状況が現れている。政府はセーフティネットを拡充しないことの言い訳として、人々の「絆」や家族内での支え合いを美化し奨励している。それにより、ブラックホールのように問題を抱え込み内閉化し、いっそう内部での緊張感や圧力が高まって自壊していくような家族も増えてきている。

続いて日本の教育の現状としては、まず、義務教育段階から学力保障が形骸化している面がある。すなわち、日本の義務教育は習得主義ではなく履修主義であり、登校して授業に出席していれば、何も学んでいなくても中学の卒業を迎えられるということを基本構造としている。中学卒業後の高校や、さらには大学でさえも、威信や選抜度の低い教育機関では、定員確保のために入学者を受け入れる場合が出てきている。つまり、日本の教育は、教育内容の習得を保障するというメカニズムが、きわめて不十分である。

このように日本の教育システムは学力保障の機能が弱いが、従来は個々の家族が学校外教育に費用をかけて学校の授業の不十分さを補い、子どもに学力を付けさせてきた面があった。しかし現在は、それが可能な家族と、もうその余裕がない家族とに二極化しており、そうした家族間の格差が子どもの教育達成にもいっそう反映するようになってきている。

そのような教育格差に拍車を掛けている要素の一つが、多くの都道府県で高校の学区域の広域化や撤廃が進行していることである。多くの都道府県では、公立の高校の中にも進学校にテコ入れをしたり、あるいは公立中高一貫校などを設置したりすることにより、そこでの手厚い進学指導により、難関大学への進学実績を上げていこうとする政策的な選択が広がってきている。それによって、教育達成が不十分な層はいわゆる教育困難校に集められ、何とか大過なく卒業してくれることを期待されるのみで、いっそう顧みられにくくなっている。

このような状況を、教育社会学では「教育的トリアージ」と表現している。言うまでもなくトリアージとは、災害や大事故の際に、負傷した多数の人々を、軽傷・重傷・死亡といった形で分類し、それぞれに応じた医療処置をすることであるが、同様のことが教育システムの中でも発生している。その中で見放された層の中には、不登校や中退になるようなケースも珍しくない。

さらなる問題は、日本の教育が、国際比較で見ても、仕事や社会生活全般に対してもつ意義がきわめて低いことである。たとえば後期中等教育については、職業高校が少なく普通科高校が非常に多いという点で、先進諸国の中でも日本は際立っている。九〇年代後半から若年雇用問題が顕在化して以降、このような教育の職業的意義の少なさを弥縫《びほう》するかのように政府が推進してきた施策は、「キャリア教育」を通じて若者の職業観・勤労観および基礎的・汎用的能力をつけることであった。しかし私は、キャリア教育なるものに対して、非常に批判的な評価を与えてきた。

その理由は、キャリア教育において身につけるべきとされる勤労観・職業観の内容や、そのための方法、キャリア教育の有効性などが全く問われないまま、とにかく「柔軟で強い若者をつくれ」というメッセージだけが、政府から教育機関に、次いで教育機関の教員から若者に対して、投げかけられているからである。この状況は、問題を改善するよりも、むしろ圧力や不安のみを高めることによって、悪化させていると考える。

## †「垂直的多様化」が進行している

以上のような諸問題を、より集約して表現するならば、日本の教育は全体として「形式的平等」の中で「垂直的多様化」が進行していると言える。それはたとえば、普通科高校という同一の名称で「形式的平等」を達成しているかに見えて、実際には普通科内部の進学校と困難校、底辺校との間で、教育内容や雰囲気も含めて全く違った様相が表れているという事態に見出すことができる。

先述のように、高齢化や貧困化が進行している状況の中で、可能な限り多くの人が、孤立した窮状に放置されることなく、「居場所と出番」を確保できる社会への変革が喫緊の課題となっている。労働力人口の減少に対処するためには、若者であれ、女性であれ、社会構成員のすべてが大事な存在であるにもかかわらず、「垂直的多様化」つまり格差化により、相対的に劣位にある者に否定的な烙印を押し、排除していくような状況が進行している。

それゆえ、この「垂直的多様化」の縦の軸を、できるだけ九〇度回転し、完全に水平になるわけではないにしても、疎外・放置・切り捨てをなくして多くの人々にそれぞれの場所で活躍してもらうという方向性が必要であり、それをここでは「水平的多様化」と呼んでいる。社会の中には様々な仕事や役割の分野があり、それぞれが社会的な機能や役割を果たしている。その質的に異なる様々な分野ごとに、別のかたちの活躍がありうる状況をつくり出していくことが、「水平的多様化」である。

しかし現実には、教育の世界において「垂直的多様化」のほうが顕著に進行していることを、多くのデータは示している。たとえば、家庭の所得等の諸資源と、子どもの学業成績や大学進学率との間には、明確な対応関係が見られる。また、不登校者が九〇年代に増加を遂げ、その後、高止まりしているが、不登校というのは教育からの排除・自己排除すなわちウェステージに他ならない。

## †職業的意義が希薄な教育

さらに、先述の通り、教育内容の実質的な意義は希薄である。たとえば、科学や数学を学ぶことが自分自身や将来の仕事にとって役立つか等々とたずねた国際比較調査の結果では、他の先進諸国やOECD平均と比べて、日本は肯定的回答がきわめて低水準である。他の様々なデータでも、教育機関で仕事に必要な技能を習得したという意義は低いと評価されており、特に著しいのは後期中等教育（高校）段階の意義の低さである。高校に関しては、先に触れたように、国民一人当たりのGDPがOECD平均以上の諸国の中で、日本は後期中等教育における普通コース在学者比率が最も高い。

現在私は、日本でこのような高校教育が成立した経緯について、歴史的にさかのぼって検討し直している。一九六〇年代には高校段階における職業教育は政策的にも熱心に取り組まれていたが、それは七〇年代以降、明らかに普通科重視政策へと転換する。その背景には、保護者が大学進学を念頭において普通科高校を望んだということもあるが、もう一つの大きな要因は、オイルショックを経て税収が減少した七〇年代以降の時期に、職業高校を増設・維持する財政的負担を回避するために、より安価に増設することができる普通科高校を重視する方向に各都道府県が踏み切ったという事情があったと考えている。

やはりここにも、教育への政策的な手当てを怠ってきた事態が表れている。特に、神奈川県や埼玉県は大都市圏であるため、高度経済成長期に地方から流入してきた層の子ども世代が高校進学期を迎えた七〇年代後半に、高校の大増設が必要であった。この増設期に費用の掛かる専門高校を新設する余裕がなかったため、普通科高校を漫然と増やしてきたという事態がある。

一方、大学についても、学んだ知識の仕事での活用度は非常に低い。特に、社会科学、人文科学、理工系など、日本の大学教育の中でボリュームが大きい分野は、教育の職業的意義も人間形成的意義も非常に低いことが調査から明らかになっている。それ以外の、保健、家政、教育、芸術といった分野は、職業的意義、もしくは人間形成的な意義がかなり高く評価されている。

要するに、若者に対する調査では、若者は学校教育に対して仕事に役に立つ内容を期待しているにもかかわらず、教育機関側はそのような若者の意識に応えることができていない。他方で、キャリア教育が掲げる諸能力は、コミュニケーション能力や思考力など、非常に抽象的なものであり、その重要性がこれまで政策的に強調されてきた。

しかし、それはむしろ高校生の進路不安を高めてきたおそれがある。二〇〇三年、二〇〇五年、二〇〇七年という三時点で高校生の進路意識を調査した結果を見ると、この時期はキャリア教育が推進され始めた時期であるが、むしろ高校生の進路不安は悪化している。直接の因果関係は証明できないが、少なくともキャリア教育がプラスの効果はなかったことの傍証にはなる。

一方で産業界も、重視する採用基準として常に「コミュニケーション能力」等の抽象的能力を掲げてきた。しかし、そのように抽象的で曖昧な採用基準でしか人材要求を語ることができないということは、日本の産業界の退廃・怠慢だと考えている。その陰で、教育から仕事への移行に際してこぼれ落ちていく若者は、かつてより明らかに増大している。

無業の若者に対する調査結果では、就労上の阻害要因として、自分にどのような能力があるのかわからないという不安が多く挙げられている。それは、日本社会においては具体的な職業能力についての教育や、それを可視化する基準・指標の整備が非常に希薄であり、「コミュニケーション能力」「人間力」「生きる力」などの無内容な言葉でしか表現されないような事態がずっと続いていることの弊害である。

## †現状への対処と期待すること

では、このような現状の中でいかなる対処が求められているのか。今後の方向性について、私なりの考え方を示したモデル図が、図4である。先に図2に示した従来の戦後日本型循環モデルは、当時の産業や人口の構造、国際関係などのもとではかなり効率的に作動していたが、同時にきわめて多くの問題を含んでいたことは先述の通りである。しかも今やそれは図3のように崩壊している。それならば、私たちは、かつての戦後日本型循環モデルにノスタルジックに固執していてはならず、新しい社会構造のモデルを考えていくしかない。

その際の一つの手掛かりとして、かつての戦後日本型循環モデルでは社会領域間を結ぶ矢印が一方向的だったが故に、その矢印が肥大化して循環の自動回転に教育も家族も仕事も飲み込まれていった面があったからには、その矢印を一方向から双方向的なものへと変革してゆくことを提案したい。

双方向的というのは、たとえば、家族が教育を一方向的に支える役割をするのではなく、逆に教育が地域のハブとして家族を支えるような役割が今後重要になるということである。

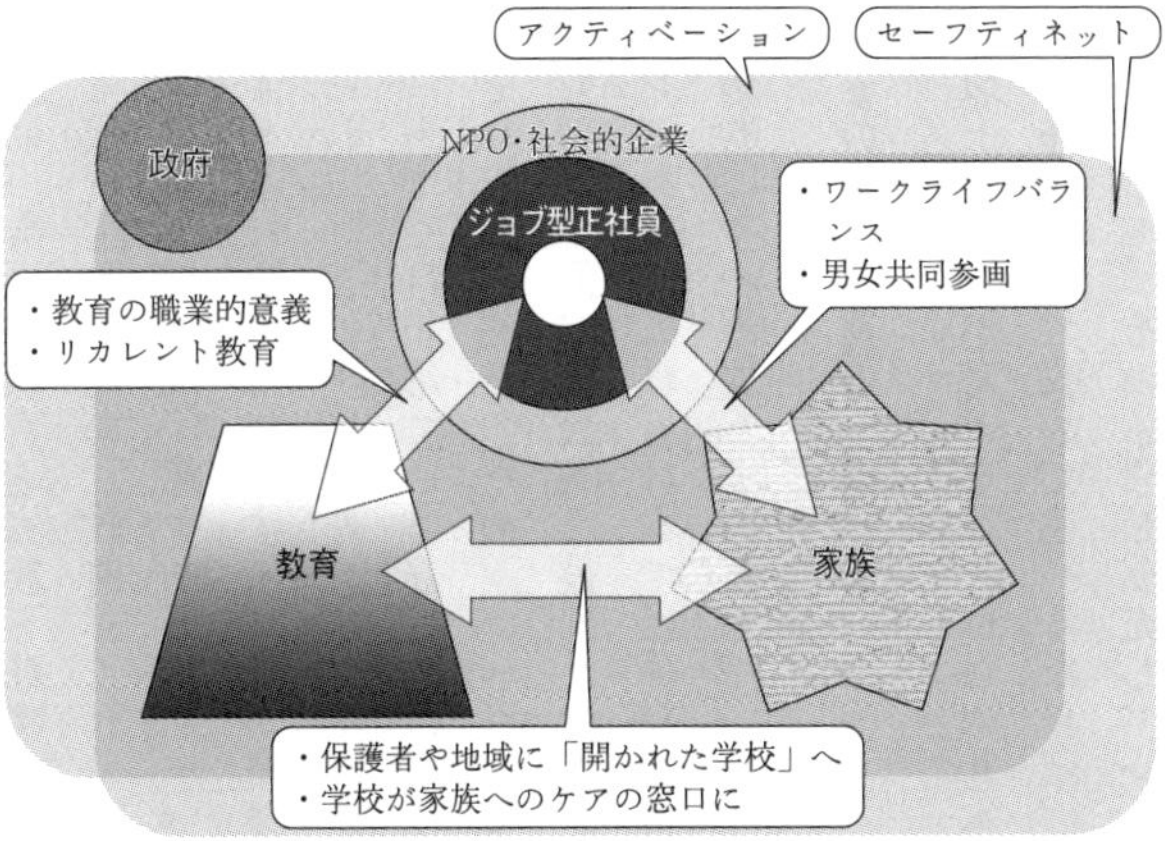


図4　新たな循環モデル

教育と仕事の関係に関しても、教育が卒業生を次々に送り出せば会社が受け取ってくれていたという従来の関係ではなく、教育と仕事との間に、教育内容に関する対話や、あるいは一度仕事に就いた後に再度教育を受けるといったリカレント教育の流れを、拡充してゆく必要がある。家族と仕事の間にも、すべての人が双方を両立できるワークライフバランスが不可欠である。「男が働いて女は家事育児」という古い発想では、家計のリスクヘッジにも、性別の強固な役割分担の解消にも抵触するとすれば、男女関わりなく仕事と家庭を両立できるようにしてゆくしかない。

こうして、社会領域間に双方向的なバランス構造を生み出すことが必要である。それとともに、もはや教育と家族と仕事の関係だけでは社会全体の持続可能性が保てなくなっている状況であるため、政府がこれまで十分に整備してこなかった、せめて生存は脅かされないことぐらいは保障するセーフティネットを拡充する必要がある。自殺や餓死が頻発するような社会ではなくすることが重要であることは言うまでもない。

それに加えて不可欠なのが、アクティベーションである。困窮している人をセーフティネットで受け止めていくだけでは、そのセーフティネットさえ財政的に維持できなくなるおそれがある。そのため、いったんセーフティネットで受け止めた個人に、活力を回復してもらって再び社会的な役割・機能を果たしてもらうようにすることが、アクティベーションである。これも日本では従来非常に手薄であり、近年、職業訓練や中間的就労などが政策的にやや進展しているが、いまだきわめて不十分である。

## †教育の職業的意義の二つの側面

以上が、私が考えるこれからの基本的な社会モデルである。その中で特に、教育と仕事の関係に関して改めて述べるならば、日本の教育の職業的意義があまりにも希薄である現状に対して、その意義を拡充していく必要があるということを、これまで繰り返し指摘してきた。

教育の職業的意義は、〈適応〉と〈抵抗〉という二つの側面を含んでいなければならないと考えている。〈適応〉というのは、仕事上の要求に対してできるだけ自分を合わせていけること、つまり、有能な職業人になってもらうということである。

他方で、現実として仕事の世界が荒れているため、より有能な職業人になって〈適応〉しようとするだけでは、むしろ若者は疲弊してゆく。その際に必要なのが、今の労働環境や仕事の進め方の不合理さを、きちんと是正していくことができる力、つまり、状況に対して〈抵抗〉していく力である。すなわち、〈適応〉というのは自分を変えて環境に合わせるという方向性であるが、〈抵抗〉というのは逆に、悪しき環境を自分が正しいと思う状態に変えるという方向性である。自分が変わるか、環境を変えるかというこの両方のバランスがないと、いずれかだけでは職業的意義として十全ではない。

さらに、〈適応〉の具体的内実としては、私は「柔軟な専門性」（フレックスペシャリティ）という概念を提唱している。「柔軟な専門性」とは文字通り、固く閉じた専門性ではなく、ある専門性を切り口として、そこから隣接分野や関連領域などに広げながら、普遍性が高い知識やスキルにたどり着いてゆくプロセスの端緒としての専門性ということを意味している。それは、カリキュラムやキャリアの設計の仕方によって、十分に実現してゆけるものと考えている。固く閉じた専門性は、社会変化が激しい中で融通が利かないものになり、自滅的になるおそれがある。また、自分の専門分野の社会的な位置づけや意味を理解していなければ、「専門ばか」といわれかねないような状況にもなってしまう。

こうして教育の職業的意義を向上させることと並行して、仕事の側も、ジョブの輪郭を重視した雇用のあり方が厚みを増す必要がある。また、個々人を仕事に結びつけていくための指標となるような、ジョブに関わる能力を可視化する仕組みを広げていく必要がある。

第三章

# 若者と雇用

# 1　若者にとって働くことはいかなる意味をもっているのか
## ――「能力発揮」という呪縛

### †若者の働き方の変化

一九九〇年代以降、働く若者の間で非正社員の増加と正社員の労働条件の劣悪化が進んでいることについては、すでに数多くの報告がある（熊沢二〇〇六、宮本二〇〇二、雨宮二〇〇七、小林二〇〇七・二〇〇八、中野二〇〇六、堀編二〇〇七、門倉二〇〇六、湯浅ほか編著二〇〇九、ほか多数）。

二〇〇九年時点では、一五～二四歳層（在学者を除く）のうち男性の二五％、女性の三六％、二五～三四歳層では男性の一四％、女性の四一％が非正社員として働いている。*1 非正社員の中でもさらにパート・アルバイト、契約社員、派遣社員という形で雇用形態・労働条件は多様化している。〇八年秋に生じた金融危機は製造業における派遣社員の切り捨てを大量に発生させたが、代わりに直接雇用の非正社員が増加したことにより、非正社員比率自体は高止まりを続けている。金融危機は新規学卒者の就職状況にも暗い影を落としており、〇九年から一〇年にかけては内定獲得状況の悪化と「内定切り」「新卒切り」が問題化した。

他方の正社員においても、特に若年層において長時間労働化と賃金抑制が顕在化しており、中には賞与、定期昇給、研修など従来の正社員が享受してきた要素を欠いた「周辺的正社員」が増加しているという指摘もある（今野・本田二〇〇八）。〇九年には「ブラック企業」という言葉がインターネットや各種のメディア上に頻繁に現れ、正社員であっても過重労働や職場におけるハラスメントにいつ何時遭遇するかわからないという不安の広がりを表している。

このように、過去約二〇年間にわたり、若者の働き方は全体として厳しく荒《すさ》む方向へと変容を遂げてきた。にもかかわらず、日本の若者の間に、仕事をめぐる異議申し立ての動きが広がる気配は依然として希薄である。確かに、〇八年六月に起こった秋葉原事件のような突発的な事件や、あるいは増加する自殺という形で、若者の苦しみが表面化することはある。また、「ロスジェネ論壇」と呼ばれるような一部の論者が若者の立場からの言説を生み出したり、若者を中心とする新しいタイプのユニオンやNPOなどが大都市部を中心として地道な活動を進めたりしてもいる。しかし、それ以外の運動や発言は、大きな社会的存在感をほとんど持ち得ていない。それはなぜか。

## †なぜ異議申し立てをしないのか

そのことを説明しようとするならば、いくつかの要因を考えることができる。ひとつは、異議申し立てを可能にする知識や実践手段を、若者が手にしていないということである。たとえば、職場で残業代不払いや有給休暇取得の拒否などの違法行為に遭遇する若者が、かなりの比率に達しているにもかかわらず、そうした違法行為に対して特に何も対処をしていない若者が大半であるという調査結果（今野・本田二〇〇八）がある。これは、労働法や労働者の権利に関する知識とそれを実行するための具体的な方法を、若者が身につけていない面があることを物語っている。

この点と関連して考えられるのは、社会の現状や仕事に対する諦念や無力感が若者を支配しているということである。日本青少年研究所が〇八年に実施した、中学生・高校生の生活と意識に関する日米中韓比較調査結果によれば、「私個人の力では政府の決定に影響を与えられない」という項目を肯定する比率が、日本では中学生で約七割、高校生で約八割に達しており、日本に次いで同比率が多い韓国よりもそれぞれ三割近く多く、最も少ない米国とは倍ほどの差がついている。同調査では日本の中高生において自己否定感が強いことも指摘されており、同様の結果は他のいくつかの調査結果でも見出されている（古荘二〇〇九）。「絶望」という言葉で若者を語る本や若者向けの本・コミックなどが近年多数刊行されていることも、諦念や無力感が若者の間に広がっていることの兆候とみなすことができるだろう。社会学者による「希望格差」（山田二〇〇四）、「意欲格差」（苅谷二〇〇一）などの概念は、諦念や無力感を「格差」という角度から表現したものといえる。

あるいは、右記二つとは異なるもうひとつの要因として、すでに長期にわたって荒廃を続けている仕事の現状に対して、若者がすでにある種の適応の仕方を身につけ、それなりに満足を感じているという可能性もある。中西・高山編（二〇〇九）は、不安定で低賃金の仕事に就かざるを得ない場合が多い「ノンエリート青年」たちが、地元や仕事の仲間からの承認を調達することによって、自分なりの「何とかやっていく世界」を作り出していることを描いている。

## †若者の仕事意識の積極的側面

これらの考えられうる諸要因は、それぞれ現実に対してある程度あてはまる面をもち、個々の若者の中にはこれらが混じり合い濃淡をなす形で現れているものと思われる。しかし、若者の現状を、ここまでに挙げたような、無知、諦念・無力・絶望、適応・満足といった、いずれも消極的・受動的なものとして捉えるだけでは不十分である。日本の若者の間には、逆にきわめて積極的で能動的な側面が広く共有されていることを看過してはならない。

その側面として、これまでもしばしば指摘されてきたのは、若者の仕事意識における、自分が「やりたいこと」（久木元二〇〇三、下村二〇〇二）や「やりがい」へのこだわり（本田二〇〇七、「自分探し」（阿部二〇〇七、速水二〇〇八）や「自己実現」への希求の強まり（片瀬二〇〇五）ということである。こうした側面については、これまで肯定的というよりも否定的な評価が与えられることが多かった（筆者自身による議論もそれに含まれる）。すなわち、「やりたいこと」にこだわりすぎるあまり、その模索が長引いたり、それを見つけられない場合に立ちすくんだりする結果になる、「やりがい」を重視することが労働条件への関心を薄める、といった議論である。確かにそうした危険が往々にして生じることは否定できないにしても、自らが専心して取り組む価値があることを見出したいという若者の希求そのものは、無知、絶望、現状満足などとは異なり、世界に対する積極的・能動的なベクトルをはらむものである。

そして、この「やりたいこと」への希求の裏側にぴったりと張りつく形で若者の中に広く存在するにもかかわらず、従来はあまり注目されることがなかった、もうひとつの積極的な側面として、ここでは「能力発揮」という側面に注目したい。

「能力発揮」とは、自らのもてる「能力」を十全に発揮し、それを周囲や社会から正当に評価・承認されたいという欲求である。以下でデータに即して示していくように、それは多くの場合、「やりたいこと」を見つけた上で、その「やりたいこと」に関して自分が高い能力を発現させたいという意識形態をとっており、その意味で「能力発揮」は「やりたいこと」への希求と不即不離の関係にある。いわば、「やりたいこと」の発見は「能力発揮」の前提条件であり、むしろ自分にとって価値があると思える能力を高め具体的な形で外に表し、他者から認められたいという「能力発揮」のほうが、根幹的な欲求であると考えることもできる。

この「能力発揮」もまた、世界に対する積極的で能動的な関わり方である。それは、仕事に関する前向きで活動的な意識が、若者の間に相当の強度で確かに存在することを意味している。しかし、本稿の分析結果を先取りするならば、この「能力発揮」を望む意識が若者の間に広く存在することそのものが、逆説的にも、社会の現状に対する沈黙を生み出している可能性がある。以下の本稿では、この「能力発揮」意識が若者の中にどれほど根づいているのか、それをめぐって若者の仕事や社会への意識はどのような連関構造をとっているのかに関してデータ分析を行い、そうした現状をどのように考えるべきかについて考察を加えることにしたい。

### †年齢層別の仕事意識差

まず、前項で指摘した若者のポジティブな仕事意識としての「やりたいこと」および「能力発揮」という意識が、若者の中でどれほどの広がりをもって存在しているかを確認しておこう。

図5（一〇三ページ）は、日本社会学会による二〇〇五年「社会階層と社会移動」全国調査（SSM調査）データを用いて、仕事に関する様々な要素をどれほど重視するかを年

齢層別に示したものである。図中の値は、各項目に対する「非常に重要である」～「まったく重要ではない」の五件法の回答に、5～1点のスコアを与えたものの平均値である。

図5の項目の中で、若年層ほど重視度が高くなっているのは、「興味のある仕事であること」と「自分の能力を発揮できること」であり、特に前者は単線的に若年ほど重視度が上がっている。この二項目は、二〇代の若者が仕事に関して重視する要素の一位・二位を占めている。

それ以外の項目については、「収入が多いこと」も若年において重視される傾向があるが、三〇代と四〇代で逆転がみられる。また「働く日や時間の融通がきくこと」および「仕事と家庭を両立できること」は、結婚や出産の時期にあたる三〇代でピークを迎えている。他方で、「失業の心配がないこと」は四〇代・五〇代で重視度が高い。「世の中のためになること」と「職場の仲間と共同で作業できること」はいずれも重視度が低く、年齢層間で有意な差はないが、中高年層でやや高くなる傾向がみられる。

図5からは、「興味のある仕事」および「能力の発揮」という、本稿が注目する「やりたいこと」と「能力発揮」に重なる意識が、〇五年という調査時点において若年ほど高いことがわかる。この二つの変数の相関係数は〇・五六二（〇・一％水準で有意）、質問項目

間の整合性を表すCronbachのαの値は〇・七一八といずれも高く、両者は親和性の高い変数であるといえる。

このように、仕事内容そのものへの関心と仕事における能力の発揮を重視する度合いが若者ほど高いという傾向は、他の調査においても見出される。たとえば、内閣府が〇九年に実施した「国民生活選好度調査」結果では、「やりがいのある仕事や自分に適した仕事ができること」および「能力があって努力すれば誰もがふさわしい地位や収入が得られること」の重視度が、一〇代・二〇代の若年、中でも男性において高い。同じく内閣府が〇七年に実施した「国民生活に関する世論調査」においても、「働く目的」の中で明らかに若年層ほど比率が高くなっているのは「自分の才能や能力を発揮するために働く」という項目である。

なお、図5における「興味のある仕事」と「能力の発揮」という二項目に関する年齢層別の重視度を、性別に分けてみた結果が図6である。図6からは、「興味のある仕事」のほうが男女で重視度の差が小さく、かつ若年ほど重視度が高いという傾向が顕著に表れている。それに対して「能力発揮」は、男性ではどの年齢層でも女性よりかなり高水準であり、男性内部では年齢層による有意差がみられない。女性では、家庭責任が大きくなる三

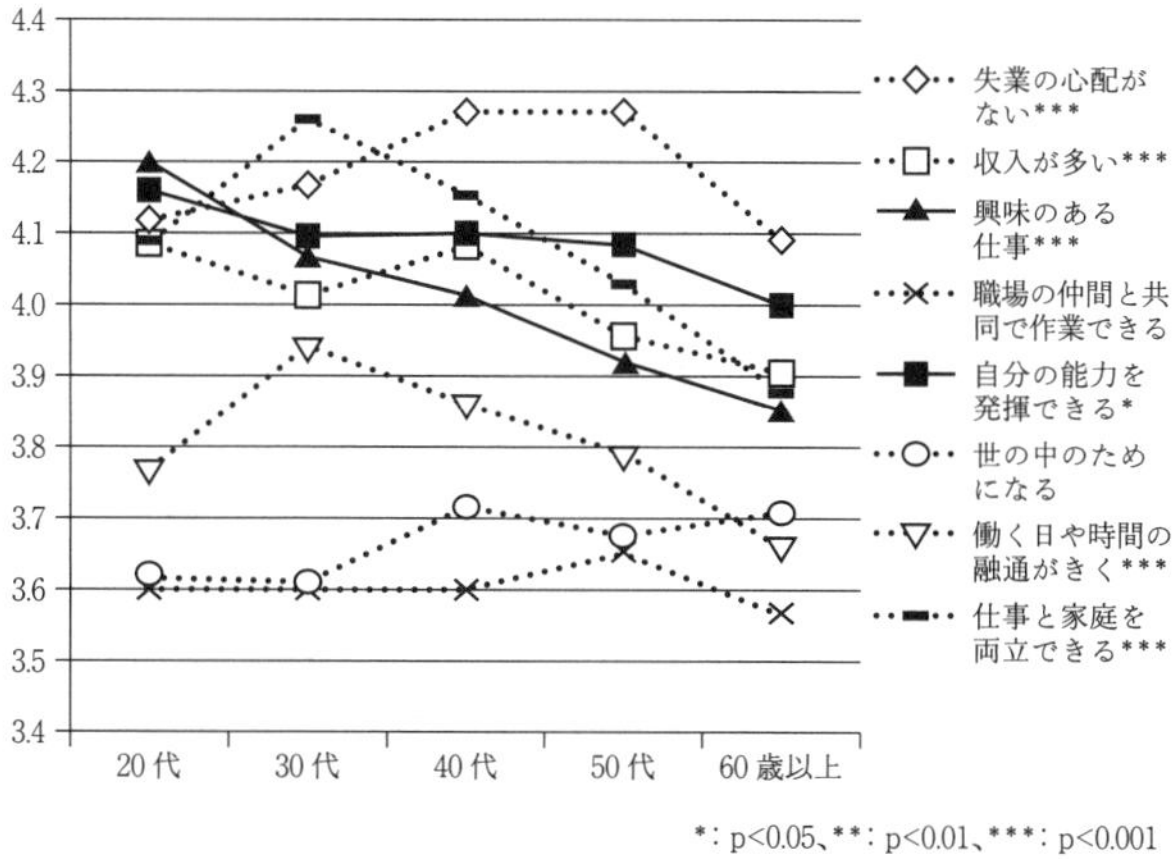


図５　年齢層別　仕事で重視すること

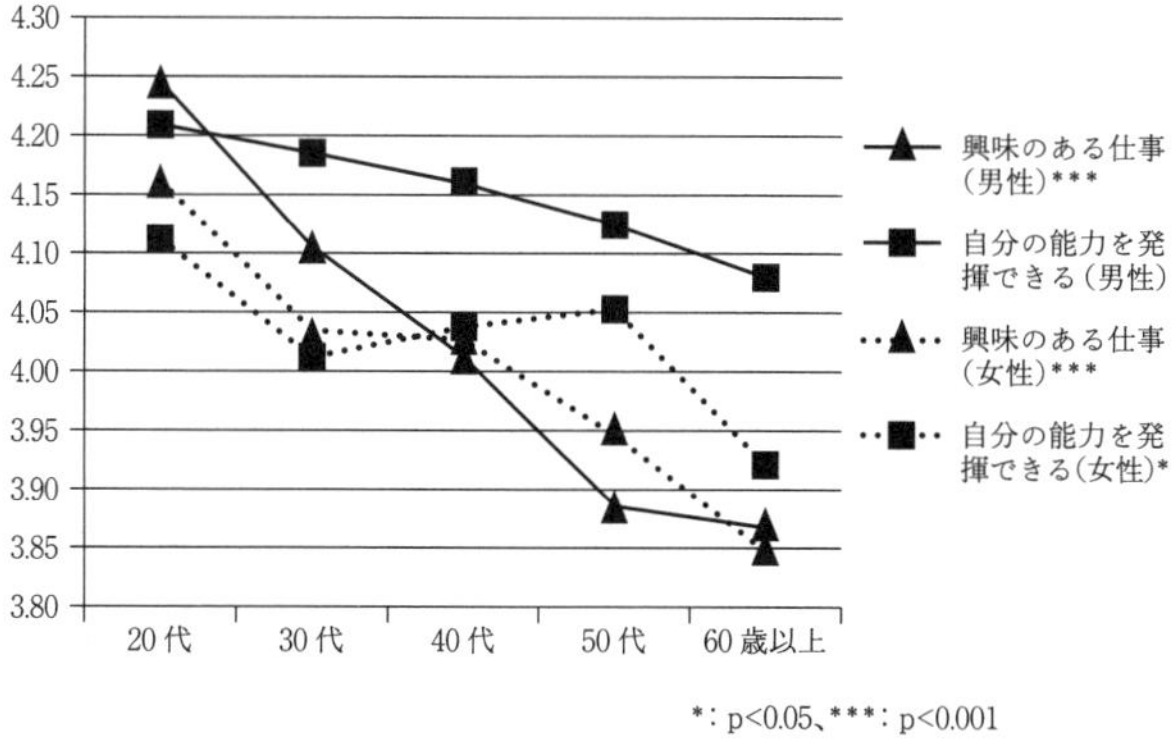


図６　年齢層別・性別　「興味のある仕事」と「能力発揮」の重要度

出所：図5、図6とも2005年SSM調査データ

○代・四○代で「能力発揮」の水準がやや下がる傾向が表れているが、二○代での重視度は高い。

図6からすると、若者に特徴的な意識のあり方としては、やはり「興味のある仕事」すなわち「やりたいこと」への関心の強さということが、重要な変数だということになる。「能力発揮」は男性の間では若者に限らず強い意識であり、特に家事育児負担が増大する年齢層の女性においては男性との差は大きい。しかし、女性についても、性別役割分業規範に基づく家庭責任が「能力発揮」意識を抑制しているが、それにまだ直面していない二○代層においては、この意識は強い。性別役割分業規範の変化によっては、女性においても「能力発揮」意識がより浮上する可能性がある。

## †会社選択理由の経年変化

以上では単時点における年齢層別の意識差をみたが、同一年齢層を時系列的に比較すると、これらの意識にはどのような変化がみられるだろうか。日本生産性本部（旧・社会経済生産性本部）と日本経済青年協議会が一九六九年以来継続して実施している「新入社員の「働くことの意識」調査」から、会社の選択理由に関する回答の推移を示したものが図

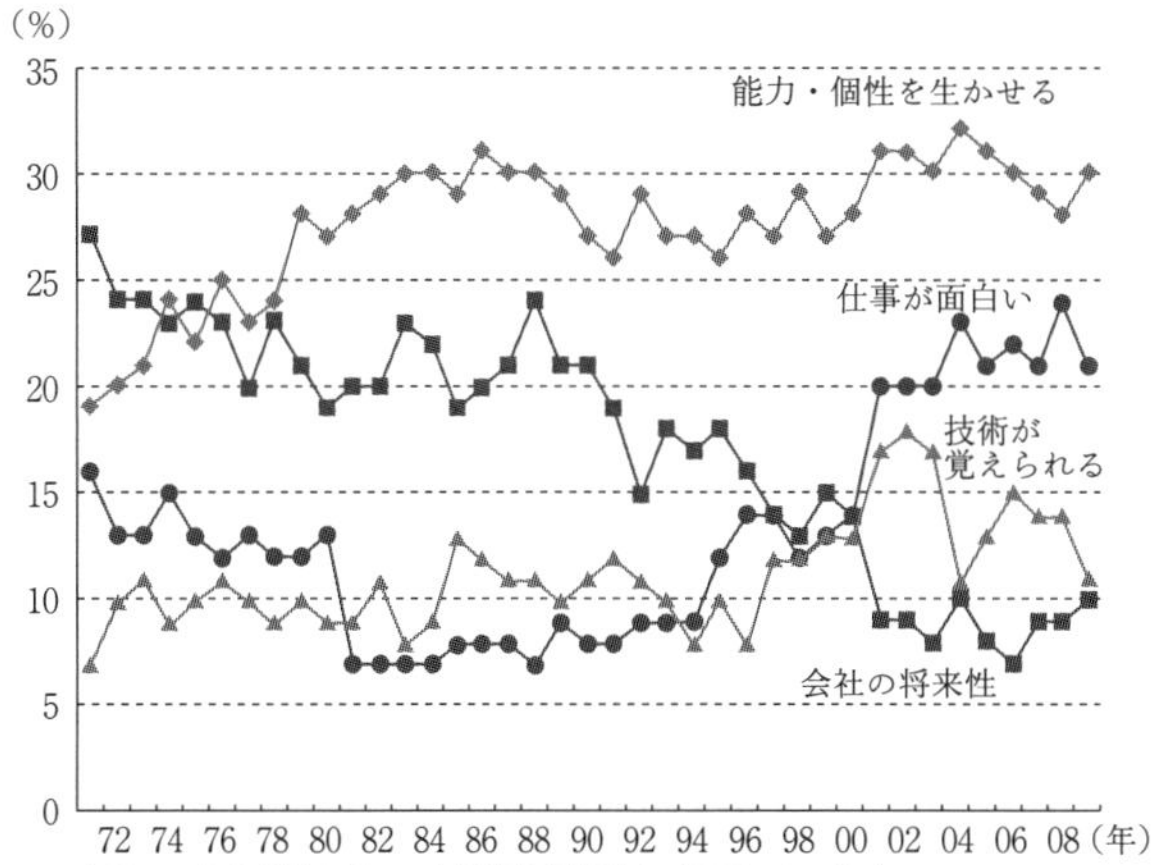

出所：日本生産性本部・日本経済青年協議会（2009）より作成

図7　会社の選択理由

7である。一九八〇年頃から「能力・個性を生かせる」が最も高い水準にあり、九〇年代に微減してはいるが、〇〇年代に入って再びやや上昇している。それに対して、「仕事が面白い」は九〇年代半ばから急上昇し、〇〇年頃以降はずっと二位につけている。「会社の将来性」は長期的に低下を続けている。

こうした結果はやはり、「やりたいこと」に近い意味内容である「仕事が面白い」という要素を若者が重視するようになったのが近年の現象であるのに対し、「能力発揮」とほぼ同じ意味内容である「能力・個性を生かせる」は、数十年来一貫して日本の若者の間に根づいた意識であることを示唆している。先の図6と同様に、若者に固有であることや近年の傾向ということに重きを置くならば、「やりたいこと」重視という側面のほうが際立った指標であるということがここでもうかがえる。

しかし、「能力発揮」の重視が、社会経済状況の変化や他の価値観の変化にもかかわらず長期的に高い水準で維持されており、〇〇年代に入って上昇の気配さえみせていることは、それ自体として注目に値すると考える。それゆえ次項以降では、若者に分析の焦点を絞り、「能力発揮」意識のあり方について、より詳細な分析を加えることにしよう。

### †若者の中での「能力発揮」の布置

本項以降で使用するデータは、日本教育学会が特別課題研究として実施した「若者の教育とキャリア形成に関する調査」結果である。この調査は、二〇〇七年四月一日時点で二〇歳であった全国の若者を、地域や都市規模が偏らないようにサンプリングして対象とし、〇七年の第一回調査から継続して五年間追跡することを目的としている。ここで用いるのは、〇八年に実施された第二回調査のデータであり、調査の回答者は二一歳ないし二二歳の全国の若者である。[*2] 対象者の年齢設定からして、四年制大学を卒業して仕事に就いている者がサンプルに含まれていないことには留意が必要である。

この第二回調査では、「能力発揮」に関して二つの角度から質問が設けられている。ひとつは回答者自身が自分の仕事についてどのように感じているかに関する質問であり、もうひとつは社会のあり方についての認識に関する質問である。前者は個人的な欲求や感情を直接にたずねる形式をとっており、後者は現状認知（「～は～だ」）ないし規範（「～は～であるべきだ」）という命題の形で示された諸項目への支持・不支持を問う形式の質問である。ここでは前者と後者の関係にも目を配りつつ、後者に力点を置いて検討を加えることにする。なぜなら、素朴な個人的感情よりも、命題としての社会認識のほうが、社会に対する若者の対峙の仕方をより明確に表していると考えるからである。

まず、仕事についての感じ方に関する質問の回答結果を、男女別に示したものが図8である。値は、「とてもあてはまる」～「まったくあてはまらない」の四件法の回答に4～1点のスコアを与えたものの平均値である。調査票に掲げられている一四項目の中で、もっとも肯定の度合いが高いのは「仕事も仕事以外の生活も、どちらも充実させたい」であり、続いて「安定した職業生活を送りたい」と並んで「自分の性格や能力をいかせる仕事につきたい」と「自分のやりたいことを仕事としてやっていきたい」が僅差で上位につけ

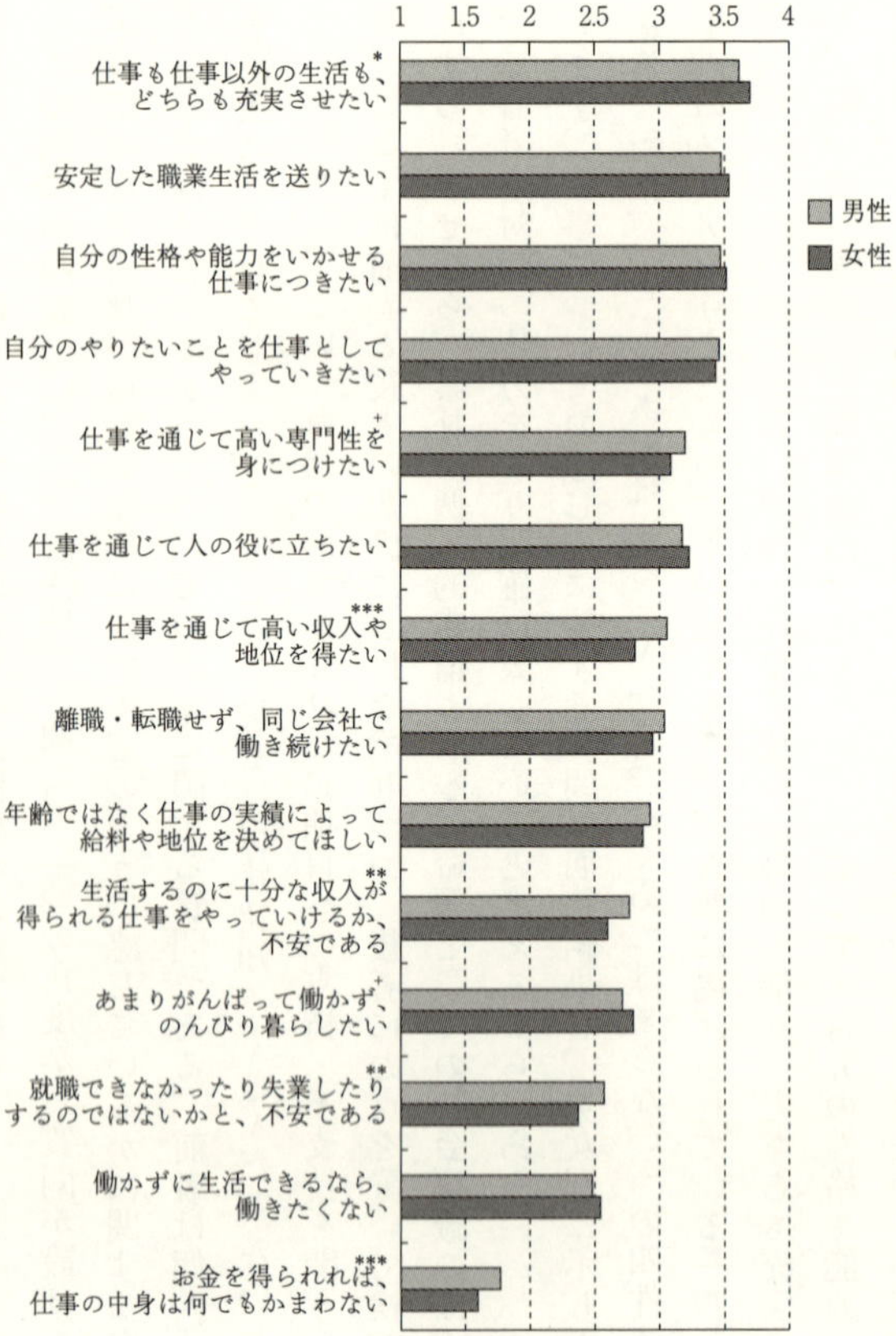


+: p < 0.1　*: p < 0.05　**: p < 0.01　***: p < 0.001

出所：「若者の教育とキャリア形成に関する調査」（2008年第2回調査）に基づいた筆者による分析結果

図8　性別　仕事についての感じ方

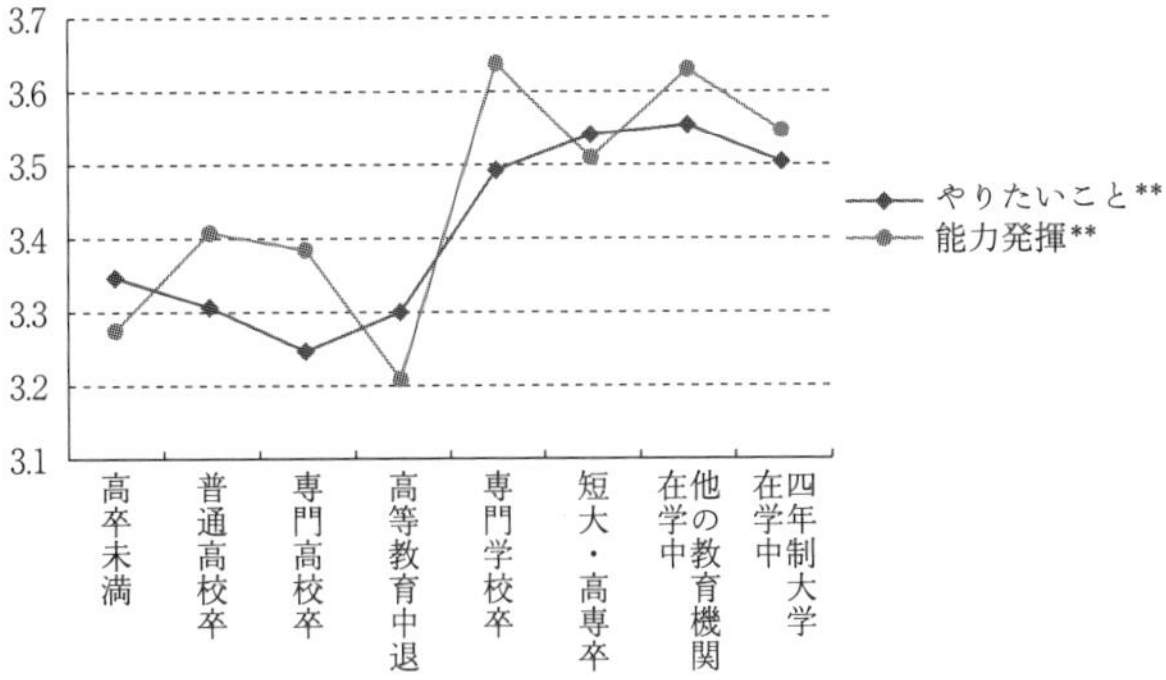


**: $p < 0.01$
出所：図8と同じ

図9　教育歴別「やりたいこと」と「能力発揮」

ている。これらについては、最高値が4をとるスコアにおいて平均値が3・5前後と高い値を示している。やはりここでも、「やりたいこと」とともに仕事での「能力発揮」を望む気持ちが若者の間で強いことが表れている。

　これら「性格や能力を生かせる仕事につきたい」（以下「能力発揮」とする）および「やりたいことを仕事としてやっていきたい」（以下「やりたいこと」とする）の二項目について、回答者の属性や就労状況により差がみられるかを検討すると、まず図8からわかるように性別による差はない。また、現在の状況別に検討すると（図表は省略）、「能力発揮」については有意差がみられないが、「やりたいこと」については一〇％水準ではあるが差がみられ、正社員＜非正社員＜四年制大学ないし他の教育機関の在学者および無業者という順になっている。教育歴別では、二年制ないし四年制の高等教育の在学者および卒業者において両変数とも高く、高卒未満や高等教育の中退者において「能力発揮」が特に低くなっている（図9）。これらの意識は高校よりも上の教育経験をもつ者で高まるといえる。図表は割愛するが、「やりたいこと」と「能力発揮」のいずれも中学三年時の学力と相関があり、「能力発揮」に関しては一八歳時の暮らし向きの豊かさとも相関がみられる。以上の結果は、総じて社会的に有利な位置づけにある者ほど、これらの意識を強くもつ傾向があることを示唆している。ただし、就労者に関して週当たり労働時間や収入とこれら二変数の間に、有意な相関はみられない。

## †社会認識はどうなっているか

続いて、社会認識を問う質問に視点を移そう。これに関しても、まず調査票で提示した一五項目の命題のそれぞれについて「とてもそう思う」〜「まったくそう思わない」の四件法でたずねた結果を4〜1点にスコア化したものの平均値を、男女別に図10に示した。「自分の能力を発揮して高い実績をあげた人が高い収入や地位を得るのは、良いことだ」「自分の能力を発揮してあげた実績によってその人の価値が判断されるのは、良いことだ」

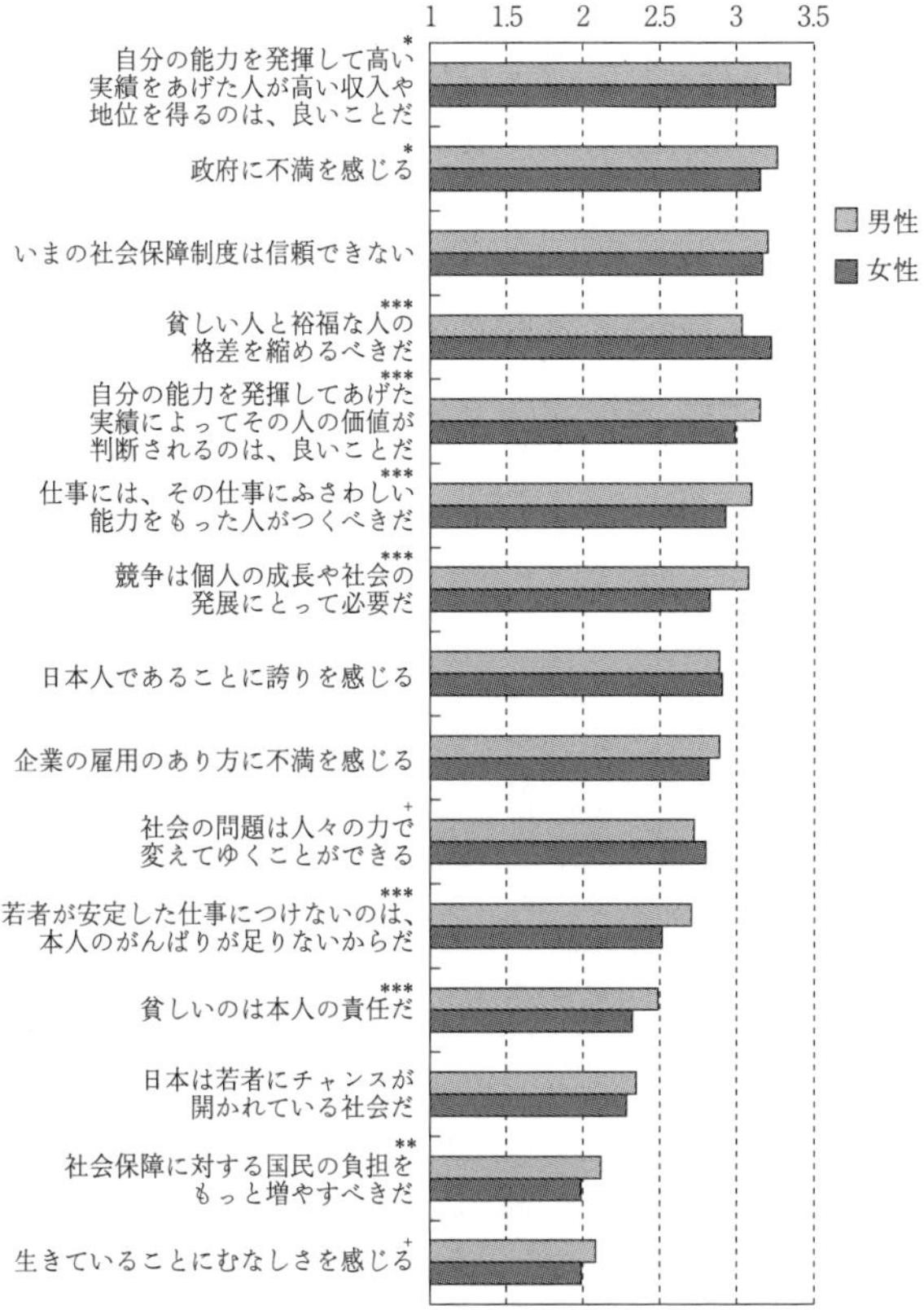


+: $p < 0.1$　*: $p < 0.05$　**: $p < 0.01$　***: $p < 0.001$
出所：図8と同じ

図10　性別　社会認識

「仕事には、その仕事にふさわしい能力をもった人がつくべきだ」といった、能力発揮の結果に応じて社会的地位が与えられることに対する支持の度合いが総じて高く、とりわけ男性においてそうした認識が強いことがわかる。同時に図10からは、政府・社会保障制度・企業に対する不満、格差縮小の必要性の認識なども若者に広く共有されていることが読み取れる。それに比べると、「貧しいのは本人の責任だ」「若者が安定した仕事につけないのは、本人のがんばりが足りないからだ」といった、いわゆる「自己責任」的な認識の水準は、それほど高くない。

これら一五項目を、いくつかの構成要素に集約するため、主成分分析を行った上で各主成分を代表する項目に関して平均スコアを算出した。見出された要素は次の四つである。第一は、前述の能力発揮に関わる三項目に「競争は個人の成長や社会の発展にとって必要だ」を合わせた四項目であり（$\alpha$＝〇・六七八）、その平均スコアを「能力主義」と呼ぶことにする。第二は、「貧しい人と裕福な人の格差を縮めるべきだ」「政府に不満を感じる」「企業の雇用のあり方に不満を感じる」「いまの社会保障制度は信頼できない」の四項目の平均スコアであり（$\alpha$＝〇・六三八）、これを「社会不満」と呼ぶ。第三は、「日本は若者にチャンスが開かれている社会だ」「社会の問題は人々の力で変えてゆくことができる」

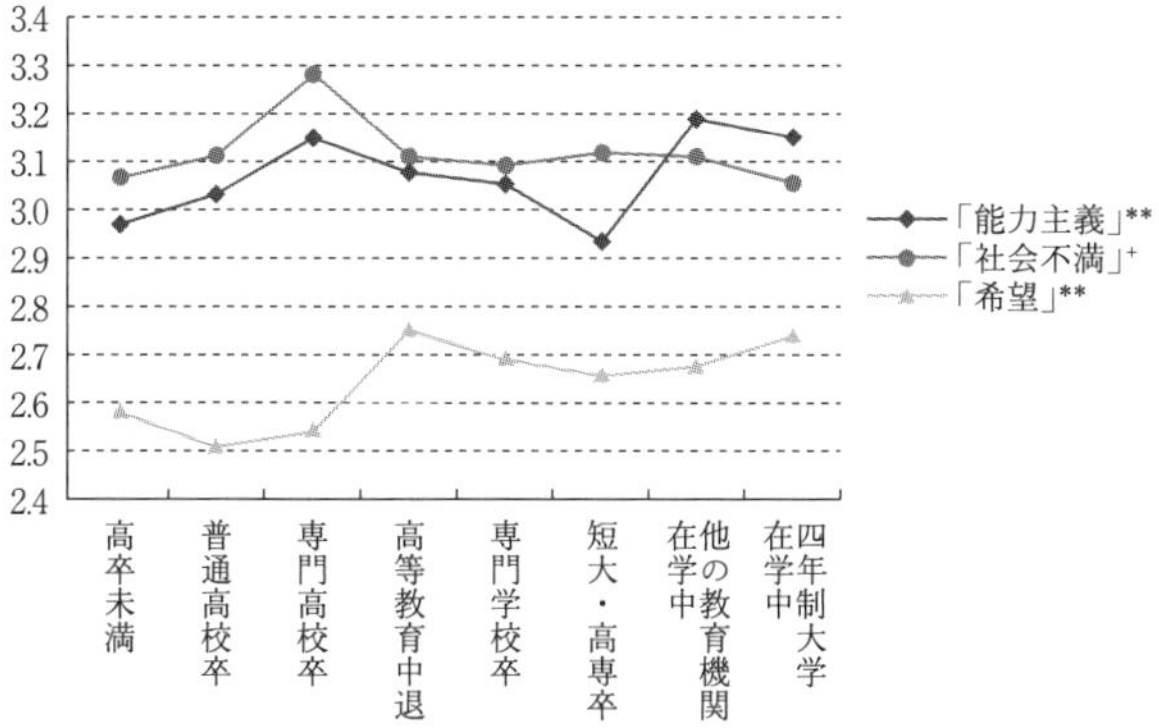


+：$p < 0.1$　**：$p < 0.01$
出所：図8と同じ

図11　教育歴別　社会認識

「日本人であることに誇りを感じる」の三項目であり（α＝〇・五二四）、その平均スコアを「希望」と呼ぶ。第四は、前述の「自己責任」的な二項目であり（α＝〇・六八八）、その平均スコアをそのまま「自己責任」と呼ぶ。

これら四つの社会認識変数はいずれも最小値1、最大値4をとるが、調査対象者の中での絶対水準は、「能力主義」と「社会不満」がいずれも3をわずかに上回っており、次いで「希望」、「自己責任」の順となる。若者の中で潜在的な「社会不満」の水準は決して低いものではない。にもかかわらず、それが具体的な動きとして現れにくい。他方で、社会の変革可能性に関わる認識である「希望」の水準は相対的に低い。

四つの社会認識に関する属性や状況別の差をみておくと（図表は割愛）、まず性別では「能力主義」と「自己責任」に関して男性のほうが女性より有意に高く、他の二つには性別で有意な差はない。現在の状況別では、無業者において「能力主義」と「自己責任」が低く「社会不満」が高いという特徴があり、四年制大学在学者では「希望」が相対的に高くなっているが、正社員と非正社員の間には顕著な差はみられない。

教育歴別では、「自己責任」には有意差がないが、「能力主義」は在学者において、「希望」は高等教育経験者において、「社会不満」は専門高校卒で働いている者において高くなっている（図11）。図表は省くが、中学三年時の学力は「能力主義」と正の相関をもち、一八歳時暮らし向きは「社会不満」との間には負の、「希望」との間には正の相関をもっている。就労者に関して、労働時間および収入とこれら四つの社会認識の関係をみると、いずれも労働時間との相関はみられないが、収入の高さと「能力主義」および「自己責任」の間には相関がある。

以上の概観によれば、やはり社会階層や現在の状況に関して有利な者ほど「能力主義」「自己責任」「希望」の水準が高く、「社会不満」はそれとは逆の傾向をもつことがうかがえる。では、以上にみてきた仕事意識や社会認識は、どのような連関構造の中にあり、そ

| | | やりたいこと | 能力発揮 | 「能力主義」 | 「社会不満」 | 「希望」 |
|---|---|---|---|---|---|---|
| 能力発揮 | Pearsonの相関係数 | 0.591 | | | | |
| | 有意確率（両側） | 0.000 | | | | |
| | N | 1096 | | | | |
| 「能力主義」 | Pearsonの相関係数 | 0.149 | 0.246 | | | |
| | 有意確率（両側） | 0.000 | 0.000 | | | |
| | N | 1087 | 1088 | | | |
| 「社会不満」 | Pearsonの相関係数 | 0.076 | 0.101 | 0.164 | | |
| | 有意確率（両側） | 0.013 | 0.001 | 0.000 | | |
| | N | 1083 | 1084 | 1084 | | |
| 「希望」 | Pearsonの相関係数 | 0.138 | 0.174 | 0.175 | −0.159 | |
| | 有意確率（両側） | 0.000 | 0.000 | 0.000 | 0.000 | |
| | N | 1085 | 1086 | 1086 | 1083 | |
| 「自己責任」 | Pearsonの相関係数 | 0.095 | 0.107 | 0.266 | −0.164 | 0.233 |
| | 有意確率（両側） | 0.002 | 0.000 | 0.000 | 0.000 | 0.000 |
| | N | 1087 | 1088 | 1086 | 1084 | 1085 |

出所：図8と同じ

表1　若者の社会意識の相関関係

れがいかなる帰結を生んでいるのか。次項ではこの課題についての検討に進む。

### †意識間の連関構造

意識間の連関を検討する作業の第一段階として、前項でみた諸変数間の相関係数を表1に示した。下線を引いた係数は負の相関である。表1より、まず、「やりたいこと」「能力発揮」という仕事意識と、「能力主義」という社会認識との間には互いに正の相関がある。そしてこれらと「社会不満」「希望」「自己責任」という三つの社会認識の間にもすべて正の相関がみられる。それに対して、「社会不満」と「希望」「自己責任」の間には負の連関が存在する。

すなわち、「やりたいこと」「能力発揮」の意識や

「能力主義」の是認は、一方で「希望」や「自己責任」という各個人の努力や行動の効力に関する認識と、他方では社会の現状に対する否定的な見方であるところの「社会不満」と、いずれも正の相関をもっており（係数の値は大きくないが）、その意味では、自分の力によって社会の問題状況を変革していくという方向性の原動力となりうる位置を、意識構造の中で占めているように一見みえる。

しかしながら、「希望」や「自己責任」の意識は、「社会不満」と相反する関係にあり、個人の力を信じる者ほど社会に対して批判的な視線をもちにくいという傾向が若者の中には存在している。このことだけでも、若者の中に社会変革への動きが生じにくいことの説明として成立しうる。「自分で自分の道を切り開ける・切り開くべきだ」という思いが、「社会の構造に問題がある」という認識をむしろ抑えるように働いているのである。

しかし、ここでもう一歩踏み込んで、意識と意識の組み合わせが生み出す帰結について考察を加えたい。手法としては、シンプルなクロス表分析を用いる。ここまで検討してきた意識変数の中から、四つの社会認識変数に照準を当て、それらを高／低に二分した上で相互にクロス表を作成したものが、表2-①～⑥である。先に相関係数で検討した結果がここでも確認される。

| | 「社会不満」低 | 高 | 合計 |
|---|---|---|---|
| 「能力主義」 低 | 57.9 | 42.1 | 100.0 |
| 高 | 40.2 | 59.8 | 100.0 |
| 合計 | 50.7 | 49.3 | 100.0 |

p=0.000、ガンマ=0.343

表2－① 「能力主義」×「社会不満」

| | 「希望」低 | 高 | 合計 |
|---|---|---|---|
| 「能力主義」 低 | 69.1 | 30.9 | 100.0 |
| 高 | 50.6 | 49.4 | 100.0 |
| 合計 | 61.6 | 38.4 | 100.0 |

p=0.000、ガンマ=0.373

表2－② 「能力主義」×「希望」

| | 「自己責任」低 | 高 | 合計 |
|---|---|---|---|
| 「能力主義」 低 | 69.5 | 30.5 | 100.0 |
| 高 | 53.3 | 46.7 | 100.0 |
| 合計 | 62.9 | 37.1 | 100.0 |

p=0.000、ガンマ=0.332

表2－③ 「能力主義」×「自己責任」

| | 「社会不満」低 | 高 | 合計 |
|---|---|---|---|
| 「希望」 低 | 48.3 | 51.7 | 100.0 |
| 高 | 55.2 | 44.8 | 100.0 |
| 合計 | 51.0 | 49.0 | 100.0 |

p=0.017、ガンマ=－0.136

表2－④ 「希望」×「社会不満」

| | 「社会不満」低 | 高 | 合計 |
|---|---|---|---|
| 「自己責任」 低 | 46.9 | 53.1 | 100.0 |
| 高 | 57.7 | 42.3 | 100.0 |
| 合計 | 50.9 | 49.1 | 100.0 |

p=0.000、ガンマ=－0.213

表2－⑤ 「自己責任」×「社会不満」

| | 「希望」低 | 高 | 合計 |
|---|---|---|---|
| 「自己責任」 低 | 66.1 | 33.9 | 100.0 |
| 高 | 53.8 | 46.2 | 100.0 |
| 合計 | 61.567 | 38.433 | 100.0 |

p=0.000、ガンマ=0.252

表2－⑥ 「自己責任」×「希望」

出所：図8と同じ

| | | | | 「社会不満」低 | 高 | 合計 | |
|---|---|---|---|---|---|---|---|
| 「能力主義」 | 低 | 「希望」 | 低 | 56.2 | 43.8 | 100.0 | |
| | | | 高 | 62.3 | 37.7 | 100.0 | |
| | | 合計 | | 58.1 | 41.9 | 100.0 | p=0.086、ガンマ=−0.126 |
| | 高 | 「希望」 | 低 | 32.7 | 67.3 | 100.0 | |
| | | | 高 | 48.1 | 51.9 | 100.0 | |
| | | 合計 | | 40.3 | 59.7 | 100.0 | p=0.001、ガンマ=−0.312 |

表３−①　「能力主義」×「希望」×「社会不満」

| | | | | 「社会不満」低 | 高 | 合計 | |
|---|---|---|---|---|---|---|---|
| 「能力主義」 | 低 | 「自己責任」 | 低 | 54.8 | 45.2 | 100.0 | |
| | | | 高 | 64.8 | 35.2 | 100.0 | |
| | | 合計 | | 57.9 | 42.1 | 100.0 | p=0.011、ガンマ=−0.205 |
| | 高 | 「自己責任」 | 低 | 31.6 | 68.4 | 100.0 | |
| | | | 高 | 50.5 | 49.5 | 100.0 | |
| | | 合計 | | 40.5 | 59.5 | 100.0 | p=0.000、ガンマ=−0.376 |

表３−②　「能力主義」×「自己責任」×「社会不満」

出所：図８と同じ

この中で表2-④および⑤について、「能力主義」を統制変数に加えて三重クロス表分析を行った結果を、表3-①・②に示す。まず表3-①についてみると、「能力主義」への支持の度合いが低い場合、「社会不満」は「希望」の高低にかかわらず低調となるのに対し、「能力主義」への支持の度合いが高い場合は、「希望」と「社会不満」との間の負の関係が、表2-④と比べてもいっそう強く表れている。そのことは、有意確率（p）とガンマ係数の双方から確認できる。つまり、「能力主義」を是認する者の中では、「希望」の認識が強いほど「社会不満」をもたなくなり、「希望」の認識が弱いほど「社会不満」が強くなるのである。表3-②においても同様に、「能力主義」を是認しない場合は「自己責任」と「社会不満」の関連はやや弱くなるのに対し、「能力主義」を強く支持する者においては、「自己責任」と「社会不満」の負の関連が、表2-⑤よりも強く表れている。

## †「サバイブか、あきらめか」

ここまでの分析を改めてまとめよう。「能力発揮」や「能力主義」、すなわち人々が発揮した能力に応じて社会的地位を獲得するような体制を望ましいものとする見方は、若者の中に広く存在している。そして、そうした考え方が強いほど、「希望」や「自己責任」すなわち自らの力で自らのあり方を決定していくべきだ、決定していけるという考え方が強くなるとともに、それらは「社会不満」つまり社会の構造に対する批判的な問いかけを弱めるように作用する。「能力主義」は是認しつつ「希望」や「自己責任」の志向が弱い者の中では「社会不満」は強いが、それは変革への効力感すなわち「希望」を欠いた不満として、潜在的にくすぶり続ける可能性が強い。*3

個々人がそれぞれの能力を十全に発揮し、正当に評価されるべきだという認識は、本来は社会に対する積極的・能動的な意味合いをもつはずである。そうした認識は、実際の社会の中では能力の十全な伸長や正当な評価がなされていないということから、社会への不満・批判にも結びつきがちである。しかし同時に、「能力」の重視は、どのような社会的文脈においてそれを発揮するかということが個々人によってバラバラに異なっており、さらに個々の文脈において個々人が発揮できる「能力」の高低に関しても相違があるという二重の意味で、個々人のちがい、つまり個別性の重視という面にも結びついている。

それにより、「能力」への執着は、社会全体の構造的な諸問題を自らの手で変革してゆくという考え方を強める方向に作用するどころか、逆に、社会への働きかけではなく自分個人に「サバイブか、あきらめか」(雨宮二〇一〇)の二者択一を課すような考え方を生み出していると考えられる。本稿での分析結果は、こうした「能力発揮」の逆説を指し示すものであった。若者の異議申し立てを沈黙させている要因の一部として、このようなパラドキシカルな意識の連関構造をも、考慮に入れるべきではないだろうか。

## †「能力発揮」を通じた統治

〈個々人を生まれつきの属性ではなく、その発揮した「能力」によって処遇する、そのための「能力」形成の機会と公平な「能力」評価の仕組みは遍く整備する〉というのは、近代化以降の社会が共有する公式の教義である。それは社会の成り立ちが公正なものであることを主張する上で、不可欠の教義であった。それゆえ、「能力発揮」を是とする意識が現代日本の若者の間に広く深く根づいていることは、特に不思議なことではない。

しかし、「能力」の発揮がまさに個々人の「能力」に即して個別的になされるものであるという考え方があまりに強い場合、それは「能力」の形成・発揮・処遇をめぐる社会制度や組織——主には仕事と教育——のあり方を不問にし、個々人がそれぞれに自らの「能力発揮」を追求すれば良いという考え方に結びつく結果になる。

様々に有利な諸条件——家庭背景や教育経験——を享受してきたことの結果として自分は「能力」を発揮できていると思っている者が、社会の現状を変革する必要性を感じないことはいうまでもない。のみならず、そうした者たちは政治的・経済的諸資源を多く獲得する傾向があるため、社会体制を動かしていく立場に就く確率が高いが、その場合、自らの成功を可能にした体制をさらに強化するような行動をとりがちだろう。

逆に、不利な社会的諸条件により自分が「能力」を発揮できていないことに関して社会体制に不満をもつ者でも、それは「自分のせい」かもしれないことを否定できないために、あるいは社会を変えていく「能力」にも自信がもてないがために、社会構造の側を問い直し改善していくという動きには踏み出しにくい。若者の中には「自己責任」の考え方がそれほど強いわけではないが、「能力発揮」という一見ポジティブな意識が、実は「自己責任」と機能的に等価な作用を含みもっているのである。

こうしてみると、「能力発揮」を称揚する考え方が社会に根づいていることは、社会の統治という観点からはきわめて効率的である。「能力発揮」は、自分に「能力」があると感じる者に対しては意欲や努力を「加熱（warm-up）」する方向へと、逆に自分には「能力」がないと感じる者に対しては不満を「冷却（cool-out）」する方向へと、異なる作用を同時にもちうる。とりわけ、「能力」が抽象的で人格全体と不可分のもの、個人に本質的に内在しており動かし難いものと考えられている場合、そのような統治の作用はいっそう有効に働くだろう。現在の日本社会においてはまさにそうした「能力」観が強い。*4

## †「能力発揮」を社会が保障する

では、このような社会の実態があるとすれば、「能力発揮」に代わるものとしていかなる考え方がありうるのか。ひとつは、〈人は「能力」にかかわらず等しく人権を手にしている〉という主張であろう。「無能」な人間の発言力の確保という観点からシティズンシップに関する議論を展開している小玉（二〇〇九）の主張も、同種の系列である。しかし、この主張は最も基本的で最低限の権利や生活の保障を要求する際のロジックとしては通用しても、その一歩上の段階として、各人がその生涯においてどのような営みに――特に仕事として――従事し、その場においてどのようにふるまい、何を得るかという位相について考える際には通用しにくい。自分がどのような存在として生きることを選ぶかという選択に直面した際に、自分が「やりたいこと」という基準が浮上するのは自然であるし、何かを「やる」とすればできるだけうまくやりたい＝「能力発揮」したいと考えるのもまた自然であるからである。

それならば、もうひとつの考え方として、「能力発揮」そのものは否定することなく、その実現を、個々人の個別性に還元するのではなく、社会全体の課題として引き受けていく方向を考えるべきである。その場合の「能力」は、必然的に、個々人の人格や本質とは切り離されて可動化され、個人の外側からの働きかけを通じた形成や評価が可能なものとみなされなければならない。言い換えれば、体系的に明示され、指導や練習により習得が可能な、明瞭な輪郭をもつ「能力」である必要性がある。そうした「能力」は、特定の領域・分野に即したものであり、その領域・分野の内部では集団的な共有が可能なものである。

このような意味での「能力」を、すべての人間が獲得でき発揮できる権利をもっていると考えることが、「能力発揮」の「社会化」をもたらすことになる。その場合、個人の「能力発揮」の不全状態は社会が責任をもつべき課題となり、社会の体制、特に制度・組織としての教育や仕事のあり方の変革によって対処されるべきものとなる。すなわち、個人は社会に対してそれを要求することが可能になる。

こうした構想の実現が簡単ではないことはいうまでもない。しかし、若者の中に広範に存在する積極的・能動的な側面としての「能力発揮」を希求する意識を尊重しつつ、それを阻害している仕事と教育の諸問題を是正していくためには、「能力発揮」を社会の側から保障するという考え方がどうしても必要になる。現状では若者を呪縛している「能力発揮」という意識を、若者を力づけ解放する方向へと、社会的作為によって反転させることが、今まさに求められているのである。

## 2　若者と雇用をめぐる現状──何が求められているのか

### †若年雇用を取り巻く諸要因

一九九〇年代半ばに若年者の雇用・労働をめぐる諸問題が研究者やマスメディアによって指摘されるようになってから、すでに二〇年近くが経とうとしている。

この間、二〇〇三年に開始した「若者自立・挑戦プラン」を皮切りに、二〇一二年六月に発表された「若者雇用戦略」に至るまで、断続的に若年雇用政策が打ち出されてきた。しかし、若者の雇用問題はこれまで、①過去に形成された基底的な構造、②長期間にわたる趨勢的な変化、③一時期的な経済変動や出来事、という三つの主な要因に左右される形の経過をたどっており、政策的な介入の効果は明確には表れていない。

より具体的には、①は戦後日本で形成された教育・仕事および両者の接続関係の特殊性を、②は国内外の産業構造・学歴構造・人口構造等の長期変化を、③は景気の上下動や災害などの現象を、それぞれ意味しており、①と②の齟齬の深まりが各時期の③によって攪乱される、といった複雑な影響関係のただ中に、日本の若年労働市場は置かれてきたといってよいだろう。

## †若年雇用の現状把握の難しさ

では、日本の若年雇用は現在いかなる状態にあるのか。ただし、その確認作業を進める際には慎重さが必要である。

これまで、日本の若者の雇用の現状を把握する際に一般的に使われてきた主な指標は、新規学卒者の需給状況（求人・内定・就職等）、卒業後の就業状態（離職・非正規・失業等）、労働条件・職場環境（賃金や労働時間等）などである。しかし、これらの指標の中には、調査項目の設定や情報の公開のされ方の問題点により、若年の雇用の実態把握をむしろ鈍らせてしまうものが少なくない。

さらに、指標自体が、先述の①に当たる日本独特の教育と仕事との関係を暗黙の前提として作成されている場合があり、①からの逸脱の度合いを以て若年雇用問題とみなすような検討の仕方がこれまで大勢を占めてきたことも認識しておく必要がある。すなわち、在学中に就職先の内定を取り、卒業後ただちに正社員として企業に勤め始め、そこに定着するという「新卒就職―正社員定着モデル」こそが望ましいものとされ、そこから外れた若者が高リスク状態とみなされて政策的介入の対象とされる、ということが、日本の若年雇用問題をめぐる議論の定石であったと言える。

確かに、前記①と②の齟齬により、このような新卒就職―正社員定着という移行モデルから若者が外れる確率は、近年ほど大きくなっている。しかし、だからといって――あるいはだからこそ――、①を堅持して新卒就職―正社員定着モデルに可能な限り多くの若者を包摂することを政策目標とし続けることがこれからも可能なのか、そして望ましいのか、という問いを看過できない段階にすでに立ち至っていると、筆者は考えている。

### †非進学卒業者の状況

そう述べた上で、現状の確認作業に進もう。表4は、文部科学省の「学校基本調査」結果から、新規卒業者数が特に大きい教育機関として高等学校と四年制大学に焦点を絞り、非進学者の進路状況を二〇一二年時点について専門分野別に示したものである。このような最も基本的な表でありながら、そこから新規卒業者の状況を正確に読み取るにはすでに困難がある。

第一に、大学を含む高等教育機関の卒業者については、この年度の学校基本調査から、「就職者」の内部に「正規の職員等」と「正規の職員等でない者」（雇用契約が一年以上かつフルタイム勤務相当の者）の区分が設けられ、従来からあった「一時的な仕事に就いた者」（雇用契約が一年未満又は短時間勤務の者）と合わせることで、正社員以外の状態で卒業した者の実態がより細かく把握できるようになった。しかし、高校の卒業者については同様の区分が導入されていないため、高校については「就職者」の中にどれほどの「正規の職員等でない者」が含まれているかは不明なままであり、大卒との比較もできない。

第二に、新規高卒者の中で「左記以外の者」には、「（イ）家事手伝いをしている者、（ロ）外国の学校に入学した者、（ハ）進学・就職等に該当しない者で進路が未定であることが明らかな者の合計数」が記載されているが、その結果（イ）・（ロ）と（ハ）の間を区別して把握することもできないことに加え、（ハ）の中にも相当数の「大学受験浪人」が含まれていると考えられることから、文字通り「進路未定」である者の実態は把握することができない。

| | | 卒業者<br>(a) | 就職者<br>正規の職員等<br>(b) | 正規の職員でない者<br>(c) | 一時的な仕事に就いた者<br>(d) | 左記以外の者<br>(e) | 非進学・非正社員卒業者<br>(c+d+e) | 卒業者中の非進学・非正社員の比率<br>(c+d+e)/a | 非進学卒業者中の非正社員の比率<br>(c+d+e)/(b+c+d+e) | 【高校】非進学者中の非正社員の比率<br>d/(b+d) |
|---|---|---|---|---|---|---|---|---|---|---|
| 高等学校 | 計 | 1,053,180 | 175,866 | | 13,883 | 51,768 | 65,651 | 6.2 | 27.2 | 7.3 |
| | 普通 | 764,772 | 59,707 | | 9,212 | 40,300 | 49,512 | 6.5 | 45.3 | 13.4 |
| | 農業 | 27,239 | 13,806 | | 539 | 1,034 | 1,573 | 5.8 | 10.2 | 3.8 |
| | 工業 | 81,601 | 51,064 | | 902 | 2,065 | 2,967 | 3.6 | 5.5 | 1.7 |
| | 商業 | 69,316 | 27,684 | | 1,444 | 2,462 | 3,906 | 5.6 | 12.4 | 5.0 |
| | 水産 | 2,896 | 1,777 | | 33 | 115 | 148 | 5.1 | 7.7 | 1.8 |
| | 家庭 | 13,595 | 4,744 | | 338 | 681 | 1,019 | 7.5 | 17.7 | 6.7 |
| | 看護 | 3,936 | 120 | | 8 | 51 | 59 | 1.5 | 33.0 | 6.3 |
| | 情報 | 882 | 241 | | 4 | 42 | 46 | 5.2 | 16.0 | 1.6 |
| | 福祉 | 2,810 | 1,448 | | 40 | 95 | 135 | 4.8 | 8.5 | 2.7 |
| | その他 | 33,204 | 1,841 | | 223 | 2,258 | 2,481 | 7.5 | 57.4 | 10.8 |
| | 総合科学 | 52,929 | 13,434 | | 1,140 | 2,665 | 3,805 | 7.2 | 22.1 | 7.8 |
| 大学 | 計 | 558,692 | 335,048 | 21,963 | 19,569 | 86,566 | 128,098 | 22.9 | 27.7 | |
| | 人文科学 | 88,511 | 51,657 | 5,278 | 4,780 | 17,549 | 27,607 | 31.2 | 34.8 | |
| | 社会科学 | 196,735 | 133,216 | 4,599 | 6,896 | 35,914 | 47,409 | 24.1 | 26.2 | |
| | (法学・政治学) | 37,269 | 23,362 | 467 | 1,257 | 7,591 | 9,315 | 25.0 | 28.5 | |
| | (商学・経済学) | 108,209 | 74,778 | 1,885 | 3,775 | 19,748 | 25,408 | 23.5 | 25.4 | |
| | (社会学) | 34,723 | 24,049 | 1,759 | 1,319 | 5,301 | 8,379 | 24.1 | 25.8 | |
| | (その他) | 16,534 | 11,027 | 488 | 545 | 3,274 | 4,307 | 26.0 | 28.1 | |
| | 理学 | 18,116 | 6,743 | 563 | 356 | 2,216 | 3,135 | 17.3 | 31.7 | |
| | 工学 | 87,544 | 43,264 | 639 | 1,217 | 8,588 | 10,444 | 11.9 | 19.4 | |
| | 農学 | 17,388 | 9,811 | 402 | 383 | 2,102 | 2,887 | 16.6 | 22.7 | |
| | 保健 | 47,472 | 31,568 | 712 | 240 | 2,843 | 3,795 | 8.0 | 10.7 | |
| | 家政 | 15,903 | 11,089 | 1,281 | 628 | 2,064 | 3,973 | 25.0 | 26.4 | |
| | 教育 | 38,211 | 22,078 | 5,769 | 2,156 | 4,485 | 12,410 | 32.5 | 36.0 | |
| | 芸術 | 16,264 | 5,981 | 1,169 | 1,476 | 4,789 | 7,434 | 45.7 | 55.4 | |
| | その他 | 32,548 | 19,641 | 1,551 | 1,437 | 6,016 | 9,004 | 27.7 | 31.4 | |

出所：「学校基本調査」（文部科学省）より作成

表4　高等学校および四年制大学の新規卒業者の進路
(2012年3月卒、専門分野別)

このような制約のもとでではあるが、表から、「教育から仕事への移行」の現状に関して以下のことが読み取れる。第一に、高校と四年制大学のみの単年度の卒業時点に限定した上でも、合計で二〇万人近い若者が、新卒就職―正社員定着モデルから外れる形で教育機関を卒業しており、その中では大卒者が高卒者の二倍弱の数を占めている。第二に、進学しない卒業者の中でこの層が占める比率は、高校でも大学でも三割弱に達している。

第三に、この比率には高校でも大学でも学科・学部の分野別に差がある。高校では、「左記以外の者」を含めずに算定してもなお、普通科において進路不確定の比率が高い。大学では、人文科学、教育、芸術などで同比率が高い。ただし、教育については非常勤教員、芸術についてはフリーランスとしての活動など、それぞれの専門性に基づく固有の労働市場が形成されている可能性があるため、そうした職業面での専門性が希薄である人文科学と同列に考えることはできない。

以上は単年度のデータであるが、今や非進学卒業者の規模に関して高校を大きく凌駕するようになった大学について、卒業者の長期推移を示したものが図12である。大学卒業者数が九〇年代に急増したのに対し、就職者数は二〇〇四年頃まで低迷したことから、卒業者に占める就職者の比率は二〇〇〇年代初頭には五〇%台にまで下がり、その後の短期間

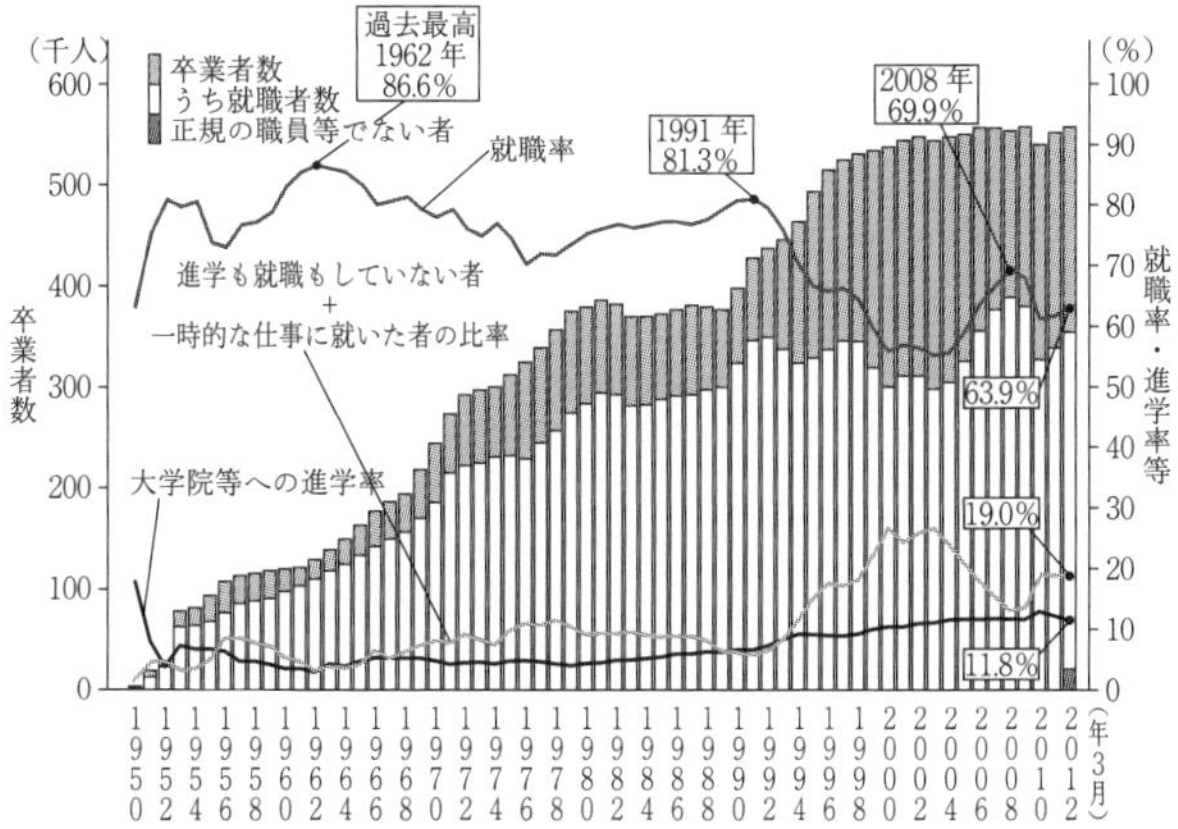


注：1 「進学も就職もしていない者」とは、家事の手伝いなど就職でも「大学院等への進学者」や「専修学校・外国の学校等入学者」等でもないことが明らかな者である。なお、2003年以前の数値には、「専修学校・外国の学校等入学者」を含む。また、「一時的な仕事に就いた者」とは臨時的な収入を得る仕事に就いた者であり、1987年以前は「進学も就職もしていない者」に含まれる。

2 就職者のうち「正規の職員等でない者」とは、雇用契約が1年以上で期間の定めのある者で、かつ1週間の所定労働時間が40〜30時間のものをいう。

出所：「学校基本調査」（文部科学省）

図12 卒業者数、就職者数及び就職率の推移（大学［学部］）

の景気回復期に七〇％近くまで回復したが、二〇一〇年には再び下がっている。大学院等への進学者は漸増してきたとはいえ一〇％程度に留まることから、大学卒業者の三〜四人に一人が進路が不確定な状態で卒業している状態は、九〇年代半ば以降に恒常化していると言ってよい。

## †若年雇用の把握・議論の限界

また、二〇一二年三月一九日に開催された第七回雇用戦略対話に内閣府が提出した資料においては、中学校以上の教育機関について卒業時の進路不確定者に早期離職者と中退者を加えることにより、「学校から雇用へと円滑に接続できなかった若年者」の比率を、中卒八九%、高卒六八%、大学・専門学校卒五二%と推計している。既存の政府統計等から浮かび上がるのは、このように「学校から雇用への円滑な接続」なるものがすでに大幅に崩れてきているという事実である。ただし、「円滑に接続できなかった」とされている若者たちがその後にどのような職業経歴をたどっているかはここでは不問にされており、その意味で「円滑」という概念自体がきわめて狭く硬直的なものであることは指摘しておく必要がある。

さらに、離学後の就労状況に関しては、失業率、非正規雇用率などが参照される場合が多い。たとえば労働力調査詳細集計（平成二三年平均）によれば、非正規雇用比率は年々上昇しており、職員・従業員全体の中で非正規の占める割合は、男性の一五〜二四歳では四五・六%、二五〜三四歳約一五・二%、女性ではそれぞれ五〇・〇%と四一・〇%に上る。他方で、一五〜三四歳の、男性は卒業者、女性は卒業かつ未婚の者の中で、「非正規の職員・従業員およびその希望者」が占める比率は、過去一〇年間にわたり、同年齢人口中の約一一%で推移している。

やはりこうした基礎的な数値に関しても、若者の現実を把握するために隔靴搔痒の感がぬぐえない。たとえば年齢区分や、何を分母として比率を算出するか（在学者を除外するか否か、未婚・既婚を区別するか否か）により、若年雇用の実態は様相を異にして見えるのであり、そうした詳しい検討が一般の人々にも容易に可能になるような形で政府統計は公表されていない。

以上に指摘してきた問題点に加えて、政府やマスメディアが従来行ってきた若年雇用の把握や議論には、さらにいくつかの限界や制約がある。第一に、何らかの組織から離脱する若者（教育機関の中退・卒業や企業からの離職）や、組織への正式な所属を得ていない若者（非正規雇用、失業、無業など）の規模を、単時点で捉えることに留まっている場合が多く、そのような若者がその後どのような就労状態等の経歴をたどっているかを時系列的に把握する作業がきわめて不十分である。第二に、教育機関や企業を細かく分類せず一括りで示している場合が多いために、「円滑な接続」の崩れがどこに集中的に発生しているか、さらには一見すれば「円滑な接続」の崩れに見えるが、実際にはオルタナティブとなりうるような「仕事への移行」が仕事の世界の一部で起こっている可能性を、提示できていない。第三に、そもそも「円滑な接続」などといった表現自体に、それを望ましいものとする前提が込められている。

## †若年雇用政策の問題点

こうした限界や制約を看過しがたいのは、それらが現状への対策の問題点にも反映されているからである。最近の例をあげれば、上述の内閣府資料を踏まえて策定された「若者雇用戦略」において、具体的施策として掲げられているのは、（1）機会均等・キャリア教育の充実、（2）雇用のミスマッチ解消、（3）キャリア・アップ支援であり、このうち（1）は就学支援とキャリア教育の早期実施・拡充およびグローバル人材育成を、（2）は「学校とハローワークの完全連結」、若者と中小企業とのマッチング支援、就職関連情報の公開、既卒三年までを新卒扱いとすることの標準化を、（3）は「フリーター半減」、サポートステーションや「わかものハローワーク」等による若者支援、起業支援、「実践キャリア・アップ戦略」、実践的な職業教育、社会人の学び直し、「若者が働き続けられる職場環境の実現、非正規雇用の労働者のキャリア・アップ支援」を、それぞれ意味している。

このうち特に（2）には、中小企業に力点を置く形で若者を新卒時（既卒三年までを含めた広義の新卒）に企業へと「マッチング」することで、新卒就職―正社員定着モデルを堅持したいという発想が色濃く表れている。

しかし、二〇一二年一〇月に厚生労働省が初めて公表した資料によれば、二〇〇九年に大学を卒業して就職した者の三年以内離職率は、全体では二八・八％であるのに対して企業規模五人未満では五九・二％、五～二九人では四九・八％、三〇～九九人では三七・九％と、中小規模の企業における離職率がきわめて高い。このような中小企業からの離職率の高さには、「ミスマッチ」要因と賃金等の「労働条件」要因の双方が作用していると考えられるが、日本における企業規模間の労働条件格差が著しいことを鑑みれば、後者が無視できないことは言うまでもない。それならば、中小企業への「マッチング」によって若者の仕事への「円滑な接続」が改善される可能性は高いとは言えず、施策は自己矛盾的である。

また、（1）と（3）の中で主要な部分を占めるのは、キャリア教育（中でもインターンシップ）や職業教育により若者の就労可能性を高め、特に非正規雇用から正規雇用への転換を図ろうとする施策であるが、日本の企業が総じて職務別の雇用管理を行っていない現状において、キャリア教育による職業志望の明確化や職業教育で獲得する具体的な職業能力が実際に有効性を発揮する分野は限られているはずである。

さらに言えば、（1）に含まれている「グローバル人材」のようなハイスペックの労働需要は、旧来の新卒就職—正社員定着モデルが残存している層において調達されている可能性が高く、不安定層への対策としてはやはりターゲットがずれているおそれが大きい。

この若者雇用戦略に関して評価すべきは、わずかな文言とはいえ、（3）において「若者が安心・安全で健康に働き続けることができるよう、過重労働による健康障害の防止のための総合対策を推進することにより、職場環境の改善を図る。また、法違反やトラブルに対応する労働局の総合労働相談コーナーの体制の充実や、労働法制の基礎知識の普及を促進する」という、労働需要側への政策的介入の必要性が触れられていることである。

しかし全体としては、先ほど述べたように、主に労働供給側への働きかけと中小企業への「マッチング」を通じて新卒就職—正社員定着モデルを少しでも増やすことが若者雇用戦略の主眼となっており、その点ではかつての「若者自立・挑戦プラン」からの大きな変化はない。しかし、先に確認した通り、新卒就職—正社員定着という「円滑な接続」に該当する若年者は、もはや高等教育卒業者であっても半数に達しておらず、高等教育未満の学歴の者ではマイノリティとすら言ってよい比率にすぎない。こうした事態に対して、現状把握の仕方も、若年雇用政策の内容も、あまりに立ち遅れており、弥縫的なものに留まっているというのが筆者の見解である。

## 趨勢的な変化――産業構造の変化

ここで改めて、本稿の冒頭（一二五ページ）で述べた、若年労働市場に影響を及ぼす①～③の要因のうち、②の長期間にわたる趨勢的な変化について議論しておきたい。それは、①に固執することがもはや可能でも望ましくもないという認識の根拠を提供することになる。

趨勢的変化として筆者が主に念頭においているのは、国際的な経済競争のもとでの産業構造の変化、高学歴化および少子高齢化である。まず、産業構造の変化とは、端的に言って、国内の産業が第二次産業から第三次産業に軸足を移してゆくということである。

図13に表れているように、日本の産業別就業者数および構成比において、一九九〇年代半ばまでは第二次産業が一定水準を維持していたが、それ以降は減少に転じている。これは言うまでもなく、人件費の安い後発国において製造業が発展を遂げてきたことにより、日本の製造業が生産拠点を海外に移し始めたり、国際競争力を失って事業を縮小したりしたことから生じている。後発国の発展や国際的な賃金格差という現象は、人為的に変えることが難しい所与の要因として日本の経済社会に影響を及ぼしており、産業構造のみなら

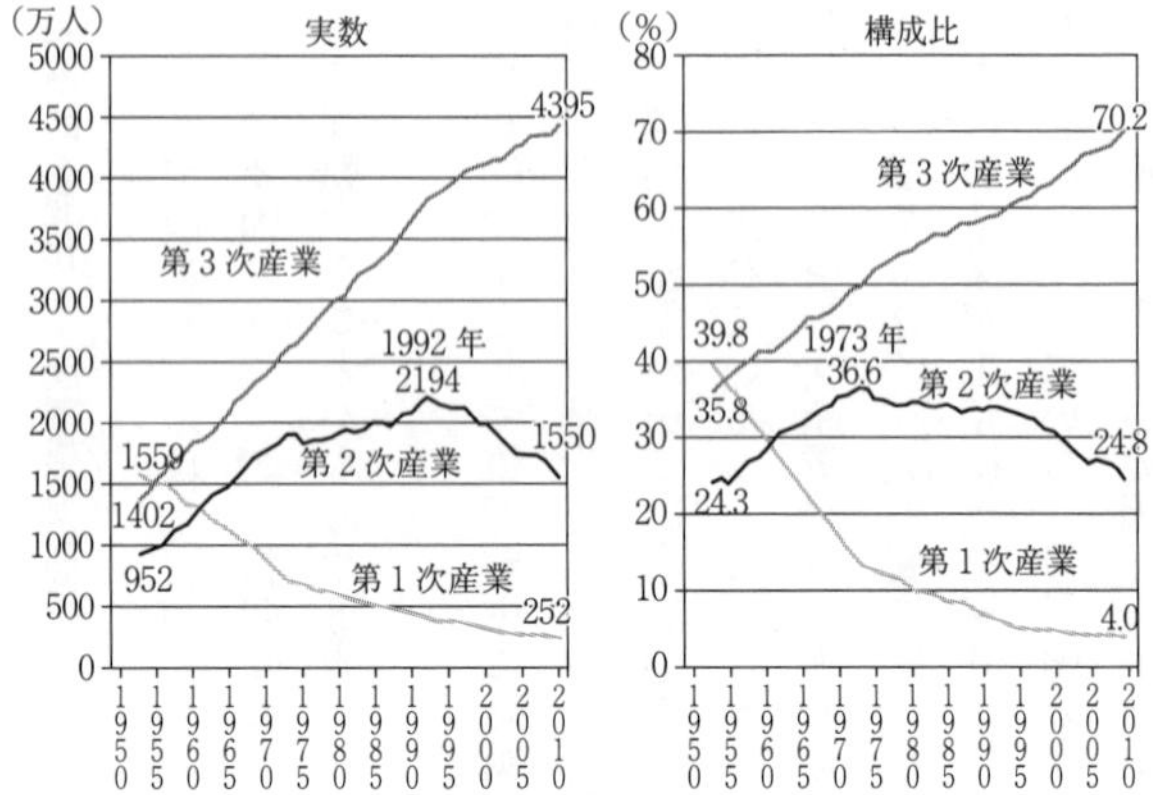


注：1953 年以降の各年データ。産業不詳の就業者があるため構成比の合計は必ずしも 100 となっていない。
出所：「労働力調査」（社会実情データ図録 http://www2.ttcn.ne.jp/honkawa/index.html）

図 13　産業別就業者数および構成比の推移

ず経済成長率の低迷をもたらしている。

　そして図13からは、第三次産業が一貫して拡大していることもわかる。第三次産業の中で雇用吸収力が大きいのは、卸売・小売業、医療・福祉、飲食店・宿泊業およびその他のサービス業である。これらの産業の従事者は高い専門性をもつ場合と専門性や熟練が希薄な場合とに両極化していること、非正社員の占める比率が高いこと、そして事業の総コストに占める人件費の割合が高いため賃金等の労働条件が好ましくない場合が多いこと、それも理由として労働者の企業間流動性が高い、すなわち離転職が多いこと、などを特徴としている。こうした特徴をもつ第三次産業の拡大は、長期勤続を前提とした企業内人材育成以外の職業能力形成の重要性が高まることを意味している。

### †趨勢的な変化——高学歴化と少子高齢化

また、高学歴化については、先の図12にはっきりと示されているように、四年制大学をはじめとする高等教育への進学率は上昇を遂げてきた。大学卒業者の増加に対して労働需要は大きく変化していないことから、新規大卒者の就職活動はボトルネック化した。しかも一九九〇年代後半にインターネットを活用した募集が広がったことから、一部の大手企業に多数の応募が集中した結果、選考過程は多段階となり、採用基準もいっそう不透明化し、大学生に対して精神的・時間的・経済的に高い負担を課すものとなっている。二〇一二年には、「就活うつ」「就活自殺」への社会的関心が高まりを見せた。ただし、拡大した大卒者の中で、就職活動の負担や内定が得られない確率が均等に上昇しているわけではなく、もっとも不利を被っているのは入試難易度が高くなく設置時期も新しい地方の私立大学の文系学部の学生である。従来型の新卒就職—正社員定着モデルの崩れは、大学の階層構造の下部に偏った形で発生している。

そしてもうひとつの長期的趨勢は、日本の人口構造の少子高齢化である。生産年齢人口が絶対数としても比率としても減少する中で、経済的社会的な諸機能を維持するためには、女性や「円滑な接続」から外れた若者にも、それぞれの希望や事情に即して可能な限り力を発揮してもらえる社会環境が求められることは言うまでもない。

これらのような不可逆的な変化に対して、従来の日本の教育と仕事のあり方（冒頭で述べた①）は、明らかに矛盾をきたし始めている。戦後の経済成長期に形成され安定成長期に普及定着した教育と仕事の関係とは、（a）教育は相対的な「学力」によって若年者を選別する機能を果たし、（b）若年者は各自の「学力」や学歴・学校歴に応じた就職先を卒業以前に確保して卒業とともにただちに仕事に就き、（c）仕事の世界では職務（ジョブ）よりも企業組織への所属（メンバーシップ）が重視され、長期勤続と年功的賃金の見込みのもとで企業からの指揮命令や要請を広範に受容する、という特徴をもつものであった。

これは裏返せば、（a）教育が仕事の世界で有用性を発揮する知識やスキルを若年層に確実に伝える機能が弱く、（b）教育から仕事への移行ルートが画一的かつ硬直的であり、（c）企業組織への個人の従属性が高い、ということを意味している。なお（c）については、九〇年代以降に経済成長率が低迷する中で、法律や人権を容易に踏みにじるような「ブラック企業」を生み出す素地となっていることも付言しておく。

しかしながら、先述の長期的趨勢（②）は、（a）若者が企業外でも職業能力を形成する機会が拡充される必要性、（b）仕事への移行ルートを新卒就職以外にも多様化・柔軟化させる必要性、（c）仕事に全エネルギーを投入するような働き方以外の働き方の整備の必要性、をもたらしている。このような齟齬を直視するならば、従来の若年雇用政策を超えた対策が今必要になっているということは疑いえない。では、それはどのような対策なのか。

## †対症療法ではない対策の方向性

まず基本的な考え方として、従来の新卒就職―正社員定着モデルに対してオルタナティブとなる移行モデルを、残余としてではなく、より積極的に打ち出す必要がある。そのオルタナティブな移行モデルとは、教育機関をはじめとする企業外で身につけた職業上のスキルや知識と、企業組織ではなく個別の職務（ジョブ）とをマッチングするというものである。今仮にこれを「ジョブ型移行モデル」と呼ぶことにしよう。これが成立するためには、言うまでもなく、（A）企業外で職業能力を身につけうる様々な機会と、（B）具体的な職業能力を尊重した採用を行う企業、そして（C）両者をきめ細かく媒介する支援機関が必要となる。

（A）に関しては、既存の教育機関、特に量的に拡大した大学の中に、より職業実践的な学部・学科・コースを増加させてゆくことが先決であるが、その際には次の三点に注意する必要がある。

第一に、職業実践的な教育を行う際に、想定する職業分野を狭く限定しすぎることは、技術や職業の変転が激しい現代においては望ましくない。核となる専門性はしっかりと教授しつつも、その分野の先端的動向や関連する隣接諸分野についても伝えることにより、固定的・硬直的な専門性ではなく応用性の広い「柔軟な専門性」の形成をめざす教育を行う必要がある。

第二に、実践性を強く意図したとしても、教育機関の内部で学習できることは実際の仕事現場からの乖離を免れえないし、学習者の適性や志望を明確化するためにも、教育課程には当該分野と関連する一定期間の現場実習を組み込んでおく必要がある。現在広がっているー日〜数日程度のインターンシップではなく、年間に数週間以上で実際に業務を担当して知識とスキルをみがく実質的な現場経験が必要となろう。

　第三に、職業実践的な教育と並行して、その分野と絡めた形で世界情勢や哲学・文学などにまで視野を広げる専門教養教育的な内容を設定することも重要である。その不可欠の構成要素として、人間はこれまでどのように働いてきたか、その結果、仕事をめぐってどのような制度や法律が定められているか、それらの制度や法律を活用したり必要な制度や法律を新たに作ったりするためにいかなる方法がありうるかなど、「働く」ということそのものに関する教育が含まれている必要がある。こうした教育課程を実際に導入する教育機関に対して、業界団体・職業団体からの協力や財政的支援など、実効ある支援やインセンティブが提供されるべきである。

　なお、職業能力の形成は教育機関だけではなく、公共および民間の職業訓練機関や、若者雇用戦略でも言及されているジョブ・カード制度の活用など、他の諸機会も最大限活用すべきであることはもちろんである。ただ、これまでの職業能力形成は、次に述べる（B）・（C）と緊密に結び付けられる形で実施されてこなかったことが、その有効性の発揮にとって大きな障害となっていた。

　その（B）に関しては、具体的な職務内容や人材要件を明示した採用を行うことを企業に対して強力に要請し誘導することが求められる。なお、「ジョブ型移行モデル」が従来から行われている「経験者の中途採用」と異なるのは、過去の経歴において数年以上にわたり正社員として当該の職務を経験してきたような人材に限定されないということである。実践的な教育や職場体験、資格の取得などを通じて、特定の職務を念頭に置いた準備をしてきた若年層を、新卒か既卒未就労かを問わず募集の対象とするのが「ジョブ型移行モデル」である。

このように一定の職務を明示して採用し、入社後はその職務に従事させることが前提となるため、従来の日本企業において通常行われていたような社内での部署や担当の頻繁な変更は行わない。ただし、企業内で経験を積むうちに、従事者が職務範囲の拡大や転換を志望し、企業側もそれを承認する場合には、当初の職務からの変更も認められるようにした方が、「柔軟な専門性」の形成や活用のためには有効である。「ジョブ型移行モデル」の場合に限られないが、特にこのモデルでは、入社後に担当する職務の内容・分量（労働時間）に加えて上記のような職務変更の条件等についても、採用の際に明確な契約が締結され労使双方が合意していることが、労働条件の適正化のためにも重要である。

最後の（C）に関しては、新卒就職—正社員定着モデルで通常見られるような一般的・

汎用的能力や企業との「相性」を重視したマッチングではなく、個人の職業上の志望や知識・スキルを見極め、企業内の職務との丁寧なすり合わせを行う機関の拡充が期待される。

当該分野に関して教育機関と関連業界の間にネットワークができている場合、教育機関内に設置された支援組織が新卒か既卒かを問わず仲介のサービスを行うことが有効であると考えられる。それ以外にも、既存のハローワークや若者サポートステーションでも業種・職種別の目利きと仲介ができることが望ましいが、それだけの人員・ノウハウ等の余力がない場合、むしろ地域の業界団体・職業団体がそれぞれに仲介機能を担うことも考えられる。むろん、いずれの場合も職業紹介事業者としての認定を受ける必要がある。

なお、無業期間が長い、職業志望が明確でないなど、就労困難の度合いが深い若者に関しては、生活状況や悩みなども含めて相談や助言を行い、職業訓練やインターンシップなどから始めて徐々に就労に向かってゆけるような寄り添い型の支援機関が必要である。そのような若者就労支援はサポートステーションを始めNPOなどによって取り組みが拡大してきているが、そうしたNPO等のスタッフの専門性や財政的基盤をより拡充するための政府・自治体の協力が求められる。

## †旧来のモデルを是正する政策を

以上のような（A）～（C）の整備により、新卒就職—正社員定着モデルから外れても、もうひとつの「ジョブ型移行モデル」により安心して仕事の世界に参入できる社会環境をつくってゆくことが、日本の若年雇用問題にとって喫緊の課題であると筆者は考える。なお、「ジョブ型移行モデル」は、職業実践的な専門教育が行われているような分野——たとえば、表4に関して触れた、芸術や教育、あるいは医療・看護など——においては、すでにかなりの程度実現されていると考えられる。それをより広い分野にも拡大してゆくことを提唱したい。特に、これまでの若年雇用政策は労働需要側である企業への介入が希薄であったが、（B）のような形で企業内での働き方にも政策的に踏み込んでゆくことが不可欠である。「あぶれた」若者を何とかどこかの企業に「突っ込んでおく」だけの雇用政策は、雇用政策と呼ぶに値しないものである。

職務を基軸として、多様で柔軟な能力形成機会、移行ルート、働き方をつくり出していくことが、すでに大幅に崩壊している新卒就職—正社員定着モデルを補い是正する政策として不可欠である。もしその方針を政府や自治体が強く打ち出し教育界・産業界の協力が得られた場合、日本の仕事の世界は、過重労働や使い捨てが蔓延している現状の「ロー・ロード」状態から、質の高い仕事、適正な労働条件、その決め方の公正化を兼ね備えた「ハイ・ロード」へと、一歩を踏み出すことになるであろう。

第四章

# 教育のアポリア

## 1　普通科高校における〈教育の職業的意義〉のあり方

### †普通科高校の現状

周知のとおり、日本の高校進学率は一九七〇年代半ばに九〇%を超え、現在は九八%に達している。高校生のなかで普通科在学者が占める比率は、一九八〇年代半ば以降の四半世紀にわたり七〇%前後で推移しており、現在は七二%である。普通科からの大学・短大進学率は一九九〇年代以降に上昇して現在は六〇%を超え、専修学校への進学率と合わせると八〇%以上が高校卒業後に進学している。このように、高校においては普通科が多数派であり、普通科高校においては進学する者が多数派となっているなかで、高校はいまや中学校と大学や専修学校など中等後教育機関とを媒介する通過点と考えられがちである。

その通過点としての普通科高校の日本的特徴は、個々の高校別に生徒の学力による分岐が明確に生じていることである。教育社会学の概念を用いれば、個別の高校が学力トラッキングを形成しているのである。

さらに言い換えれば、同じく普通科という呼称を与えられながらも、在学者の学力水準には高校間で大きな開きがあり、それに即して学習する教科やその内容にも相違がある。そうした学力の格差は、高校卒業後の進路選択にも顕著に反映されており、普通科高校のなかには卒業者の大半が大学、特に入試難易度の高い「銘柄大学」に進学するようないわゆる進学校もあれば、大学進学者だけでなく専修学校進学者や就職者が混在している進路多様校も存在する。各都道府県において高校学区の広域化や撤廃が進んでいることは、こうした高校間格差を強化する方向に働いている。

筆者はそのような現状を、同じ普通科高校という「形式的平等」のもとでの「垂直的多様化」の進行とみなして批判を加えるとともに、その是正のためには、専門分野別の「水平的多様化」を高校段階に導入する必要があると主張してきた。より具体的には、個々の普通科高校の教育課程において一定のテーマや専門性を明確にし、専門高校に準じた性格をもつものへと変革するという主張である。

この主張は、単に「垂直的多様化」を遂げているのみならず、その教育内容がきわめて抽象性が高いために現在の日常生活に対しても将来の職業生活・市民生活に対しても意義が希薄であり、それゆえ若い世代をそうした社会生活に向けて準備し結び付けてゆく機能が弱い普通科高校の現状を改善することを意図している。以下の本稿では、こうした筆者の考えを資料に基づいて提示し、普通科高校においていかなる取り組みが可能であり必要であるかについて論じてゆきたい。

## †普通科高校の抱える問題

普通科高校の問題点について、最近さまざまな指摘がなされるようになっている。たとえば、二〇〇八年一二月に設置され、二〇一〇年末段階で三〇回におよぶ会議を重ねてきた中央教育審議会キャリア教育・職業教育特別部会の答申案（二〇一〇年一一月二九日配付資料）[*1]においては、普通科高校に関わる諸問題として、さまざまな調査データを参照しつつ次のような事柄が述べられている。[*2]

第一に、普通科高校に入学する段階において、入学動機として最も多く挙げられている項目は「自分の学力にあっている」こと（五九・五％）、次いで多いのは「進学に有利」であること（三二・八％）であり、「将来希望する職業に役立つ知識や技術が身に付く」は五・〇％、「自分の個性を伸ばすことができると思う」は一二・一％にすぎない。[*3] この回答結果は、中学校から普通科高校への進学が合格可能性を重視した「輪切り選抜」の性格をいまなお強固に保持していること、それとともに高校卒業後の進学における有利・不利が強く意識されており、さらにその先にある職業の世界についてはほとんどと言ってよいほど考慮されていないということを示している。その意味で、普通科高校はまさにただの通過点として生徒に認識されているのであり、教育内容に内在的な意義は期待されていない。

しかし第二に、その通過点は不透明さや不安に満ちた場でもある。高校生が自分の進路を考えるときの気持ちとして、四九・四％とほぼ半数が「自分がどうなってしまうのか不安になる」と答えており、二番目に多い「自分の可能性が広がるようで楽しい」という回答（二五・九％）のほぼ倍の比率に達している。[*4] この結果は、高校生のなかでの進路不安の広がりと高まりを示唆している。

第三に、その不安の中心に位置づくのは、「学力が足りないかもしれない」こと（五三・九％）であり、やはり学力水準という選抜基準が高校入学後においても高校生の意識を強く支配している。ただし、それに次いで第二位から第四位までは「自分に合っているものがわからない」（三六・五％）、「やりたいことが見つからない、わからない」（三一・五％）、「社会に出ていく能力があるか自信がない」（二四・六％）と、進路を選択するための根拠や、自分自身が社会生活において実質的に有効性を発揮しうる能力をもっているかどうかに関する不安が占めている。*5 すなわち、普通科在学者が多くを占める高校生にとって、受動的に外からなされる選抜と、自ら主体的に行う選択のいずれもが不確実性が高く、さらにその両者にまたがる側面である自分自身の具体的な能力も、あやふやなものと感じられている。

第四に、そうした高校生活を送りながら、高校生は将来の自分の職業について何らかの程度思い描くようになるが、受験する大学・学部を決め実際に大学に入学した後にいたっても、職業のことを「まだ考えていない」大学一年生が四人に一人を占めている。*6 高校から大学への進学においても学力水準による振り分けが作動しているため、合格可能性を重視して進学先大学を決定した場合、やはりその出口にある仕事の世界は意識の外に置かれている。

しかし第五に、現在の新規大卒者の就職活動においては、一方では大卒者数が増加しているのに対して他方では企業の採用の厳選化が進んでいることにより、採用選考において志望動機の明確さや自分の「軸」の有無が厳しく問われ、しかも全体として活動日程の前倒しが進行しているため大学三年時の前半から広義の就職活動が開始される。その結果、自身の職業面での展望を形成する余裕がないまま、就職サイトなどに誘導されて就職活動の既定ルートに入る大学生と、採用側の要求水準の高度化との間には大きな落差が生じがちであり、就職先が決まらない状態で卒業を迎える大学生が大量に発生するようになっている。国際的な事業展開を進める大企業が海外人材の採用を積極化していること、学生側は労働条件や安定性の面から中小企業ではなく大企業を志望しがちであることも、そうしたミスマッチを増幅している。

以上に挙げた諸点は、通過点としての普通科高校の問題点を照らし出している。その中核にあるのは、中学—高校—大学と連なる教育制度内の進路決定過程が、主に相対的な学力水準に基づく合格可能性という、若者個々人の外部からあてがわれる一元的な優劣のものさしによって定まる面が大きいということである。そうした進路決定過程においては、本人が自ら積極的に選択するという面が弱体であることは否定できない。

大学への推薦入学やAO入試が拡大していることも考慮に入れるならば、総じて現在の教育制度内での進路決定は、失敗のリスクを可能な限り減らすよう、何重にもシステム化されたものとなっている。個人にとっては進学先の確保、教育機関にとっては入学者の確保がいずれも最優先課題となっており、その点では双方の利害がある程度一致しているがゆえに、社会生活に対する教育内容の関連性や個々人に固有の職業展望の形成という課題は据え置かれたまま、教育制度内部の進路決定が成立しているのである。

### †キャリア教育推進方策の実際

同時に、そのような事態への対策として、近年奨励されているキャリア教育においては、主体的な進路選択や勤労観・職業観の形成ということがきわめて強調されている。中教審キャリア教育・職業教育特別部会の報告書案においても、普通科高校におけるキャリア教育の推進方策として、①社会人・職業人に共通して必要な能力や態度の育成に関する学校ごとの到達目標の明確化、②キャリアを積み上げていくうえで必要な知識など（社会の仕組みやさまざまな厳しい状況への対処方法など）を教科・科目を通じて理解させること、③卒業生や地域の職業人とのインタビューや対話および就業体験活動などの体験的な学習機会の提供、④これらの学習を通じて生徒が勤労観・職業観および人生観・社会観を形成・確立できるようにすること、といった観点が挙げられている。

ただし、報告書案においては、上記④の説明のなかに「自らの人生のなかで「働くこと」にどれだけの重要性や意味をもたせるのかは、最終的には自分で決めることである」といった記述があり、仕事や生き方に関する意思決定はあくまでも生徒個々人に委ねられている。それは本質的にやむをえない面があるが、実際に個々の生徒がそうした判断を行うために必要な素材や根拠が上記①〜③によって十分に与えられているかというと、それはきわめて疑問である。

なぜなら、まず①・②はすべての個人にとって共通する能力・態度・知識であり、個々の生徒自身がどのように仕事を選び生きてゆくかという個別的な意思決定に資するものではない。また③は、「啓発的」で「気づきや発見」をもたらすとされているが、単発的で一過性の経験であり、個々の生徒が自分の適性を模索・把握し、実現可能な将来像を描き実行するための基盤としてはあまりに脆弱である。そのように判断の基盤を欠いたまま、主体的な意思決定や選択を生徒に求めることは、生徒にとって過大な負荷となる。そうした無理な要請が、先述した高校生の進路不安の高まりと広がりを、軽減するどころか逆にむしろ生み出しているおそれがある。

以上に見てきたように、教育制度内での通過点としての性格を強める現在の普通科高校は、生徒の学力水準に即して失敗のリスクを最小化する進路決定プロセスのシステム化が進む一方で、生徒自身による自らの将来の選択にとってしっかりした基盤となる経験の提供と、それを実現するために求められる、実社会で有用性を発揮しうる能力の形成の側面が非常に弱いという問題を抱えている。それでは、そうした普通科高校の内包する弱い側面を補うためには、いかなる方向性が求められるのか。それについての議論を進めるために、そもそも教育機関が生徒の将来の生活、特に職業人としての生活にとって意義をもつとはどのようなことであるのかについて、基本的な考え方を示しておく必要がある。

## †〈教育の職業的意義〉の考え方

筆者はこれまで、日本の〈教育の職業的意義〉の希薄さとそれをもたらしてきた社会的背景を批判的に指摘・説明し、一九九〇年代以降の社会経済状況の変容に照らしてその是正が必要であることを提唱してきた。[*7] ここで改めて、〈教育の職業的意義〉をどのように考えるべきかについて論じておこう。

まず第一に確認しておくべきは、教育機関が完全に一人前の職業人を育成しうることは非常に稀だということである。教育機関は、制度化された教育課程と教員を擁する一定の閉鎖性をもつ空間であり、その外部の現実社会とイコールではありえない。それゆえ、完成された職業人を養成する機能のみを以て〈教育の職業的意義〉とみなすことは現実に即しておらず、有益でもない。しかし他方で、教育機関がそのような機能をもちえないからといって、教育が職業的意義をもつ必要はない、あるいはもたなくてよいと一足飛びに考えてしまうこともまた誤りである。排すべきはそのようなオール・オア・ナッシングの単純な考え方であり、教育機関が教育機関なりに果たしうる職業的意義とは何かということを追求する必要がある。その理由は言うまでもなく、教育機関は社会に埋め込まれている巨大な制度であり、多大な公的・私的な資源を投入されて成立しているからである。そのような資源に支えられて日々運営されている教育機関が、生徒の将来に対して意義をもたないでよいということはありえない。

第二に、いま述べた点を言い換えるならば、教育がもつべき職業的意義とは、あくまで教育的観点に立って生徒・学生を将来の職業生活に準備させるということであり、経済領域の論理に従属してしまうことではない。経済の論理は収益の最大化であるのに対し、教育の論理とは教育の対象である個人を現在よりも望ましい状態に導くよう働きかけることにある。その「望ましさ」を職業という側面から構想するところに〈教育の職業的意義〉

が立ちあがることになる。

では職業とはどのような営みかといえば、それは個人が他者に対して何らかの有益さ・有用さをもつ行為を遂行し、その対価としての報酬を得ることである。すなわち、職業とは、遂行する行為の中身という要素と、報酬や労働時間など、いわゆる労働条件という要素から構成されている。この両要素に関して個人がより「望ましい」在り方にいたることを助けるよう働きかけることが〈教育の職業的意義〉であるならば、必然的に、そこにも二つの側面が含まれることになる。ひとつは、職業としての行為をより適切に遂行できる力をつけるという側面であり、他方は職業にまつわる諸条件をより妥当で適正なものとして要求してゆけるような力をつけるという側面である。

筆者はこのうち前者を〈教育の職業的意義〉の「適応」の側面、後者を「抵抗」の側面と名づけている。*8 「適応」と「抵抗」は、個人と環境との調整の仕方に関するふたつの方向性を意味している。「適応」とは環境からの要請に即して個人が自らを変化させて応えるという方向であり、「抵抗」とは環境に含まれる問題含みの点を個人が是とする方向へと変革するという方向である。この両面は、職業人として生きてゆくうえで不可欠の両輪であり、いずれかが欠落すれば職業生活はいびつなものとなる。教育はこの両面を視野に入れて、それらの力を個人が身につけうるよう手助けする役割をもつべきである。

## †専門分野に即した教育を

第三に、前述の両面のうち「適応」に関してさらに述べるならば、それは職業として遂行する行為の中身に関わることから、現代の経済社会における分業体制に準じて一定程度内容的に分化したものとなる。すなわち、「適応」の面での職業的意義は分野別に構想される必要がある。ここにおいて、前項で述べたキャリア教育の限界と、本稿が主張している職業的意義との違いが前面化する。そして、やはり前項で述べた、主体的な将来の選択を可能にする基盤の提供という課題にとっても、一定の分野に即した教育課程設計がひとつの対処となりうる。

ここで分野と呼んでいるのは、複数の相互に関連した職業群を含むような、ある程度の幅をもつと同時に一定の専門性の輪郭を備えているような知識やテーマのまとまりのことである。端的に言えば、高校段階については既存の専門学科の学科が冠しているような専門分野のことを意味しているが、既存のもののみならず、産業構造や知識構造の変化に合わせた新しい分野設定の可能性をも視野に入れている。そのような分野内部で蓄積されているさまざまな理論や概念、方法や技能、倫理や目標を、教育機関の在学期間中に体系的に習得できるよう積み上げ型で設計された教育課程を、ここでは職業的意義をもつ教育の欠くべからざる条件と考えている。

むろん、先に第一の点として述べたように、そうした分野別の教育によってすぐに即戦力となる職業人を育成できるとは限らず、あくまで各分野の基礎固めという性格が強いものとなると考えられる。さらに、高校段階においては、専門分野の科目は教育課程の一部を占めるのみであり、並行して学習する普通科目のほうが教育課程全体の過半を占めることが妥当であろう。しかしなおかつ、そうした分野別の専門基礎の教育を行うことには、明らかに職業的意義があると考える。

その理由は多面的である。まず一点目は、単発的で一過性の講話や就労体験では得られないような、「この領域に関してここまでは確実に自分はできるようになった」という、能力獲得の実感を生徒に与えることができるということにある。それは、「自分が社会に出てやっていけるのかわからない」という不安を、「少なくともこれについてはできる」という自信によって確実に軽減することができる。

また二点目は、何らかの分野に即した教育を受けることを選択したという段階で、生徒はすでに自分の進路を主体的に選択することの「練習」を経験している。

三点目は、選択した分野の体系的教育を一定期間にわたって受けることにより、その分野が自分にとって本当に適したものであるかどうかのすり合わせを行うことができる。これもまた、単発的で一過性の体験的教育では得られない効果である。もし適合的でないと判断された場合、当該の教育機関内で分野転換が可能になることが望ましいが、それが仮に可能でなくとも、進学時などのつぎの選択チャンスにおいて、経験を基盤とした、より確実性の高い選択を再度行うことにつながる。そのような個人と進路とのすり合わせが有効になされるためには、専門分野の教育課程の設計に、社会経済全体のなかでの当該分野の位置づけの提示や、関連する隣接分野へのつなぎなどを含む柔軟性が含まれているべきである。

四点目は、そのような分野別の体系的な教育課程をともに学ぶ生徒集団内において、共有された知識や関心に基づく有益な相互関係が形成される効果がある。特に、当該分野に関する実習やグループワークなどが教育課程に組み込まれることによって、自生的な狭い友人グループを超えた他者との接触が生まれ、それは生徒にとって対人能力や社会性を涵養する得難い機会となる。

これらの理由から、分野に即して編成された教育課程は、それを欠いたいわゆる普通教育では形成されえないような職業的意義をもっている。それは、現在の普通科高校において弱体であると先に指摘した、主体的な選択と、実質的な能力形成というふたつの課題への適切な対処となりえる。筆者はこのような分野別の教育によって生徒のなかに醸成されるものを「柔軟な専門性」と呼んでいる。*9

## †「抵抗」、他者との協力

第四に、〈教育の職業的意義〉のもうひとつの側面である「抵抗」に関しては、中教審キャリア教育・職業教育特別部会報告書案でも言及されている「労働者としての権利や義務、雇用契約の法的意味、求人情報の獲得方法、人権侵害等への対処方法、相談機関に関する情報や知識等」の学習は、不可欠の条件である。特に、経済成長の長期的な停滞が予測されているなかで、現在の労働市場においては、劣悪な労働条件や人権を踏みにじるハラスメント的な扱いが広がっていることから、そのような実態に関する現実的な知識と是正の手段について、教育機関において伝えておく必要性は高まっている。教員だけではそうした教育を十分に行えない場合には、学校外のＮＰＯや労働組合、法曹界などの助力を積極的に仰ぐことが望まれる。ただし、「抵抗」の力ということを、より広い意味で解釈すれば、単に労働条件の是正や改善という事柄だけに留まらず、政治行動や社会運動も含め、社会を生きる当事者として諸問題に取り組む姿勢を培うことも重要である。

第五に、「適応」と「抵抗」の双方に共通することとして、どちらも個人が強くなるだけでは実現できず、様々な他者と共同で目的を達成していくことが不可欠であるというメッセージを、教育課程に通底する形で組み込んでおくことが求められる。「適応」の面として特定の専門分野の知識や技能を磨くためには、同輩や先輩との切磋琢磨が必要であるし、「抵抗」の面としてさまざまな交渉や運動を行うためにも、やはり他者との広範な協力が必要である。

濃密な親密性のなかで疲弊しがちだといわれる若者を、立場や年齢などを異にするさまざまな公共的関係性へと引き出してゆくことが、〈教育の職業的意義〉にとって重要な要件となる。この点では、専門分野に即した内容で、チームによる共同作業や、学校外の地域社会や仕事現場と一過性ではない継続的な連携を構築しておく必要がある。そうした経験を通じて、「自分にはこれができた、あれもできるはずだ」という具体的な実感を、生徒のなかに積み重ねてゆくことが、教育機関の果たすべき意義である。

## †普通科高校の変革に向けて

ここまで〈教育の職業的意義〉に関する考え方を、五点にわたって述べてきた。この議論は、実際に普通科高校がその実践に踏み出すうえで高いハードルを課しているように思われるかもしれない。しかし、普通科の枠組みを維持したままで、何らかの専門分野に即した教育課程を設定している実例は、すでにいくつも存在する。

たとえば、北海道釧路北陽高校では、二年から人文社会フィールド、自然科学フィールドと並んで看護・医療フィールドおよびビジネスフィールドという科目群が設定されている。各フィールドの指定科目は二年次で五単位、三年次で八単位であり、それ以外にフィールド共通の選択科目が二年次で八単位、三年次で一〇単位、それぞれ設けられている。

また、群馬県立万場高校では、やはり普通科のなかに、二年以降は教養コースの他に情報ビジネスコース、福祉サービスコース、水産コースが設定されており、それぞれ二・三年次合計で二四単位、二六単位、二〇単位が各コースの専門科目となっている。なかでも水産コースにおいては、水産海洋基礎、栽培漁業、水産生物、資源増殖といった密度の濃い専門科目が設けられていることに加えて、総合実習や課題研究においては校外での実習や調査なども実施されている。

他にも、普通科内にコースを設定している高校の例として、長野県高遠高校（文理進学、福祉、芸術、情報ビジネスの四コース）、静岡県立新居高校（文理、工業、福祉、情報ビジネス、文化教養〈体育・教養〉の六コース）、福岡県立遠賀高校（観光・情報、ヒューマンライフ、自然環境の三コース）などが挙げられる。

ここに挙げた事例はいずれも生徒の予定進路が大学、専修学校から就職まで多岐にわたる高校であり、また進学向けに特化したコース設定がなされていることなど、本稿の考え方に照らせば限界ともいえる側面もあるが、重要なのは、普通科の枠組みを維持したままで、特定の分野に即した教育課程を提供することは十分に可能だということである。

本稿の冒頭で述べたように、「形式的平等」のもとで「垂直的多様化」が進み、かつ多くの場合、教育制度内の通過点化している現在の普通科高校において、それらの問題に対処するとともに〈教育の職業的意義〉を向上するという課題に正面から取り組むのであれば、本稿で示してきた方向性を、教育の現場や教育行政に従事する方々には積極的に検討していただきたい。すべてを一挙にでなくとも、前項で示した考え方をまずは部分的にでも導入していただけるだけでも確かな前進である。

## 2　専門高校の意義を再発見する＊10

### †専門高校の職業的意義への着目

日本の高校における専門学科は、一九七〇年頃までは高校在学者全体の約四割の生徒を擁し、政策的にも重視されていた。しかしその後は生徒数が減少し、現在は専門学科在学者は高校生の約二割を占めるにすぎない。また、一九七〇年代以降は普通科重視の社会的風潮が強まる中で、専門学科の社会的位置づけや入学者の学力水準も低下してきたといわれる（中西他一九九七）。

卒業後の進路についても、一九九〇年頃までは専門学科卒業生の八〜九割が就職していたが、就職率はその後低下して近年では四割台となっている。代わりに大学・短大への進学率が漸増して二割に達しているが、普通科では六割に及ぶことと比べると大きな差がある。また専門学科卒業生の四人に一人は専門学校に進学している。

このように、現在の専門高校は地位が低下するとともに「進路多様校」化し、その存在意義も曖昧になっているかのように見える。しかし筆者はそうした見方ではなく、厳しい若年労働市場状況下において、高校専門学科の職業的意義を見直すことがいっそう重要になっているという立場をとる。

教育の職業的意義を検討する際の手法としては、その教育を終えて仕事に就いた人々がたどる職業経歴・仕事内容や労働条件などの客観的状況を、教育内容と照らし合わせて吟味する方法と、その人々が自らの受けた教育を主観的にどのように評価しているかを検討する方法とがある（本田二〇〇五）。これらは併用されることも多く、またそのほうが望ましい。以下でもこの両側面から高校専門学科の職業的意義について検討を加える。

使用するデータは、日本教育学会の特別課題研究として実施された「若者の教育とキャリア形成に関する調査」第一回調査の結果である。この調査は、二〇〇七年四月一日現在において二〇歳の若者を全国から抽出して二〇〇七年一〇月から二〇〇八年一月にかけて実施され、サンプル数は約一五〇〇である。サンプル全体の中では四年制大学在学者が約四割を占めるが、同じく約四割の若者は就労している。就労者の最終学歴は、男性については半数が、女性については約三分の一が高卒であり、高卒者の中では男女とも普通科卒と専門学科卒（少数の総合学科卒を含める）の比率がほぼ拮抗している。男性の専門学科卒の大半は工業学科を卒業しており、女性の場合は商業学科が最も多い。この就労者サンプルを主に用いて、高校専門学科の職業的意義について以下で分析を加えよう。

## †高校専門学科の客観的な職業的意義①——職業意識

まず図14には、就労者の中での正社員比率を最終学歴別に示した。一見して明らかなように、男女とも高校専門学科卒業者の正社員比率は短期高等教育（短大および専門学校）卒業者を上回っており、図の中でももっとも高い。就労者サンプル全体でみれば正社員は半数強にすぎないのに対し、専門学科卒業者の場合は男性の八割近く、女性でも三分の二が正社員として働いている。他方で普通科卒業者の中での正社員比率は、男性で半数、女性では四分の一と、同じ高卒学歴であっても専門学科卒業者と比較して明確に少なくなっている。

四年制大学に進学しないで労働市場に出る若者にとって、比較的安定した就労先を得る上でもっとも有効な教育経歴は、高校専門学科であるということを、この図は示している。

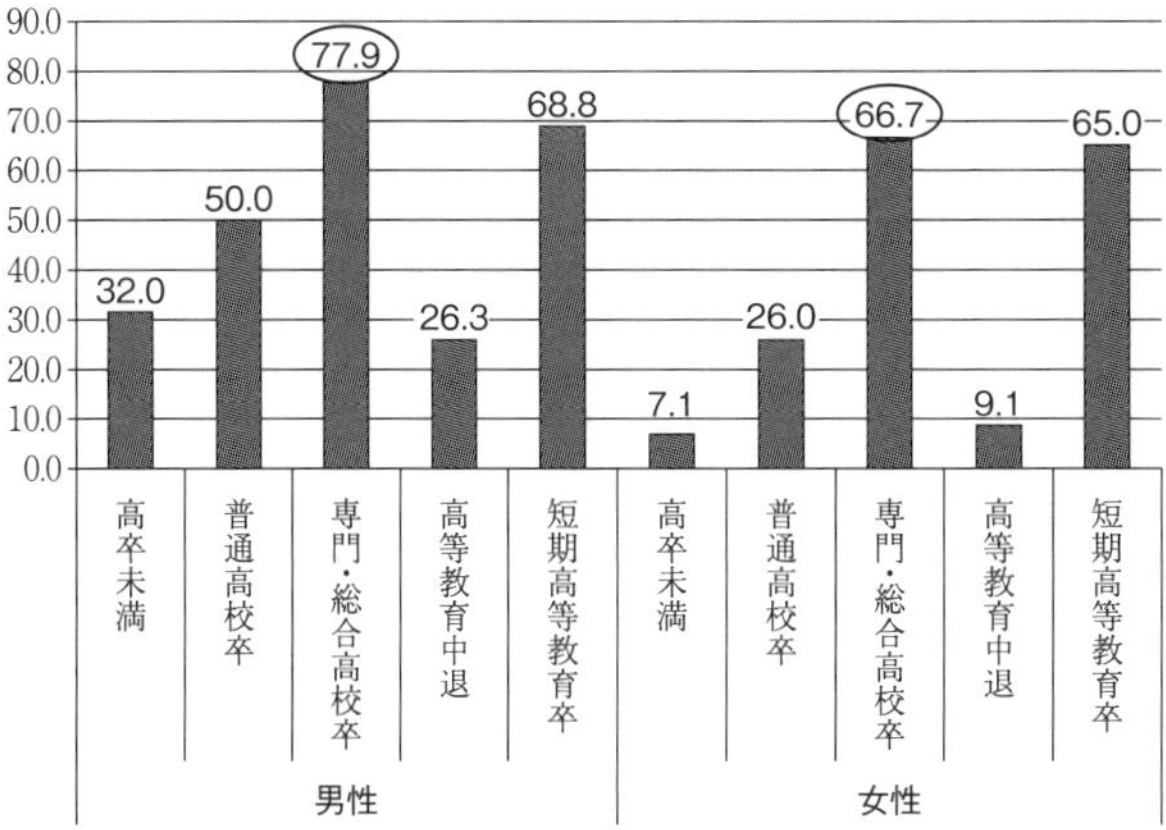


図14　学歴別　正社員比率

普通科卒業者は、高卒で仕事に就く者のほぼ半数を占めているにもかかわらず、専門学科に比べて就労機会の不安定性がきわめて高い。その理由の一端は、専門学科において伝統的な就職先斡旋機能がいまだ維持されている面があるということにあると考えられる。しかし後述するように、教育内容そのものの職業的意義という側面もここには関わっている。

そして、現在、非正社員として就労している者に対して、正社員になることを希望しているかどうかをたずねた結果を見ると（図表は省略）、「なりたい」（「今すぐなりたい」＋「いずれなりたい」）と答えた比率は高校普通科卒では男女とも半数弱であるのに対し、専門学科卒では男女とも四人に三人に達している。逆に、「なりたくない」と答える者は普通科卒の男性では三割近く、女性でも二割強であるのに対して、専門学科卒の男性では七％にすぎず、女性ではほとんど存在しない。

すなわち、普通科卒で非正社員として働いている者は現在の働き方に対する危機感が希薄であり、ある種安易にそうした状態を受け入れているが、それは労働市場の現状認識や将来展望の曖昧さを反映していると考えられる。逆に専門学科卒業者は、現在の非正社員としての立場への危機意識が強く、より堅固な働き方を望んでいる度合いが高い。このように、高校の普通科卒と専門学科卒の間には、実際の就労形態だけでなく、職業意識の面でもかなりの相違が見られる。

## †高校専門学科の客観的な職業意義②――職種・労働時間

続いて現在の職種について見ると（図表は省略）、特に正社員の場合に、普通科卒と専門学科卒との間に明確な違いがある。専門学科卒の正社員では、男性の八割以上が技術・技能・生産職に、女性の六割弱が事務職に従事しており、それぞれ工業科、商業科という出身学科の内容と対応した職種に就いている者の比率が高くなっている。仕事内容の具体的な自由記述を見ても、専門学科卒の男性正社員の場合は「自動車部品製造の保全」「鉄製

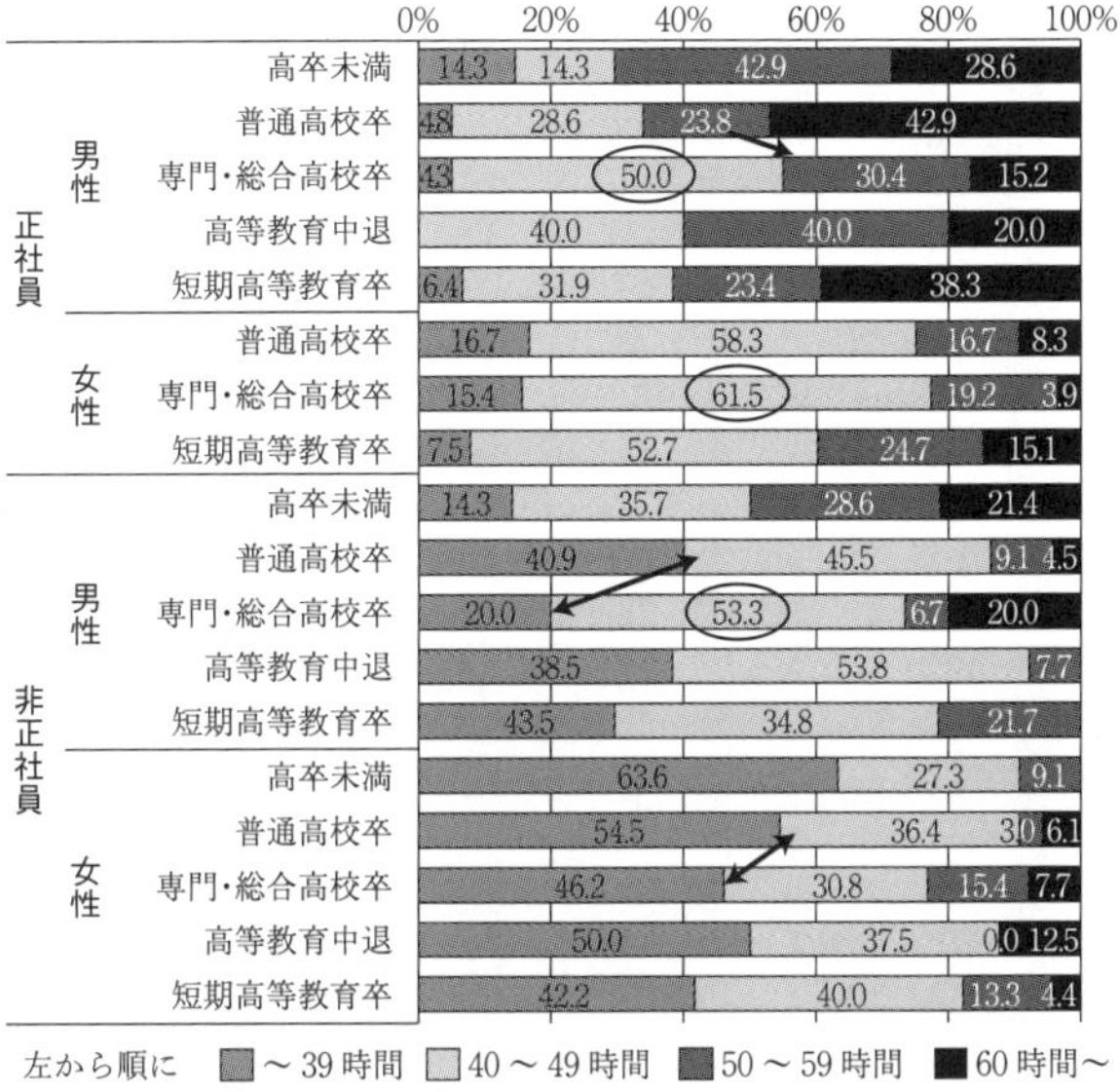


図15　雇用形態別・性別・学歴別　週当たり労働時間

品研削加工」「電気工事防災関係の点検」、女性正社員の場合は「不動産業の建築事務」「繊維製造卸売業の経理事務」といった、一定の熟練を要する仕事であることをうかがわせる記載が多い。

それに対して普通科卒では男女とも販売職やサービス職、具体的には店員や飲食業、接客などの比重が大きくなっており、仕事内容の自由記述においても「飲食業オーダー出し」「アミューズメントコーナー接客」「化粧品販売」など、非正社員に代替されやすい内容の仕事が記入されている。こうした職種内容の違いは、やはり専門学科の教育内容が労働市場において有効性を発揮していることによると考えられる。

さらに、もうひとつ注目すべき点は、労働条件の重要な要素である労働時間に関する結果である。図15は、雇用形態別・性別・最終学歴別に、現在の週当たり労働時間を示しているが、特に高校普通科卒の男性に関して顕著な特徴が見られる。それは、普通科卒男性で正社員になった場合には、週当たり六〇時間以上働いている者が四割を超え、五〇時間以上と合わせるとほぼ三人に二人までが長時間労働に従事しているということである。特に六〇時間以上の比率は、他の学歴と比べて著しく多い。また逆に、普通科卒男性で非正社員になった場合には、三九時間以下の短時間しか働いていない者が四割を占めている。すなわち、現在の日本の労働市場における、正社員の過重労働と非正社員の不安定さおよび低賃金という両極端さを典型的に体現しているのが普通科卒男性であるといえる。

それに対して、高校専門学科卒の男性の場合は、正社員でも非正社員でも週当たり四〇〜四九時間働いている者の比率が高い。すなわち、法定労働時間プラス少しの残業という、言わば適正な労働時間で働いている者の比率が、高校専門学科卒業者の中には多いのである。同様の傾向は、男性ほど明確ではないが女性についても見出される。

このように、雇用形態、職種、労働時間などの、働き方に関する客観的変数を教育歴別に検討した結果からは、総じて次のことを読み取ることができる。すなわち、特に相対的に学歴が低い者にとってきわめて不安定化・劣悪化している若年労働市場の中で、高校専門学科における教育は、若者を確実性の高い働き方に到達させることに関して確かな意義をいまだに持ち得ているということである。若者が容易に「使い捨て」にされてしまう仕事の世界の現状のもとで、高校における専門教育は、若者にとってひとつの「鎧」として——完璧なものとは言えないにしても——機能し得ている。それと対照的なのは、高校普通科を出て仕事に就く者の明らかな無防備さである。このような現状に対して、社会的認識がもっと高まる必要がある。

### †高校専門学科の主観的な職業的意義

高校専門学科における教育の客観的な職業的意義について検討を行った前項に続き、本項では、若者自身が自らの受けた教育をどのように評価しているかという、主観的な職業的意義に関する検討に進もう。

図16には、性別・出身学科別に、自分の経験した高校教育に対する高卒就労者の評価を

示した。図に示したすべての項目について、専門学科卒業者からの評価は普通科卒業者からの評価を上回っている。特に、「社会で必要な知識やマナーが学べた」という項目において、男女とも専門学科と普通学科の開きが大きいが、「進路には役立たないが興味深く学べた」という、仕事に直結しない意義についても専門高校のほうが評価が高い。ただし、「将来の収入や地位を得る上で役立ちそう」「つきたい職業について学べた」という項目については、専門学科のほうが評価は高いものの、普通科との差は小さくなっている。

前者については、社会全体が高学歴化する中で、地位達成面で高卒学歴そのものが限界をもつことについての認識を反映しているものと考えられる。また後者については、普通科ではそもそも職業全般について学ぶ機会が限られているのに対し、専門学科では特定の専門分野に関する教育が施されるため必然的にそれと対応した職種に就くことが想定されており、生徒が希望する進路の多様性に応じ切れていない面があることに起因していると推測される。

しかし総じて、卒業して働いている者からの主観的な評価という点でも、専門学科は普通科に比して高い水準を維持していることは確かである。卒業者の客観的な働き方という面だけでなく、当事者にとっての充足感という面についても、高校専門学科は普通科より

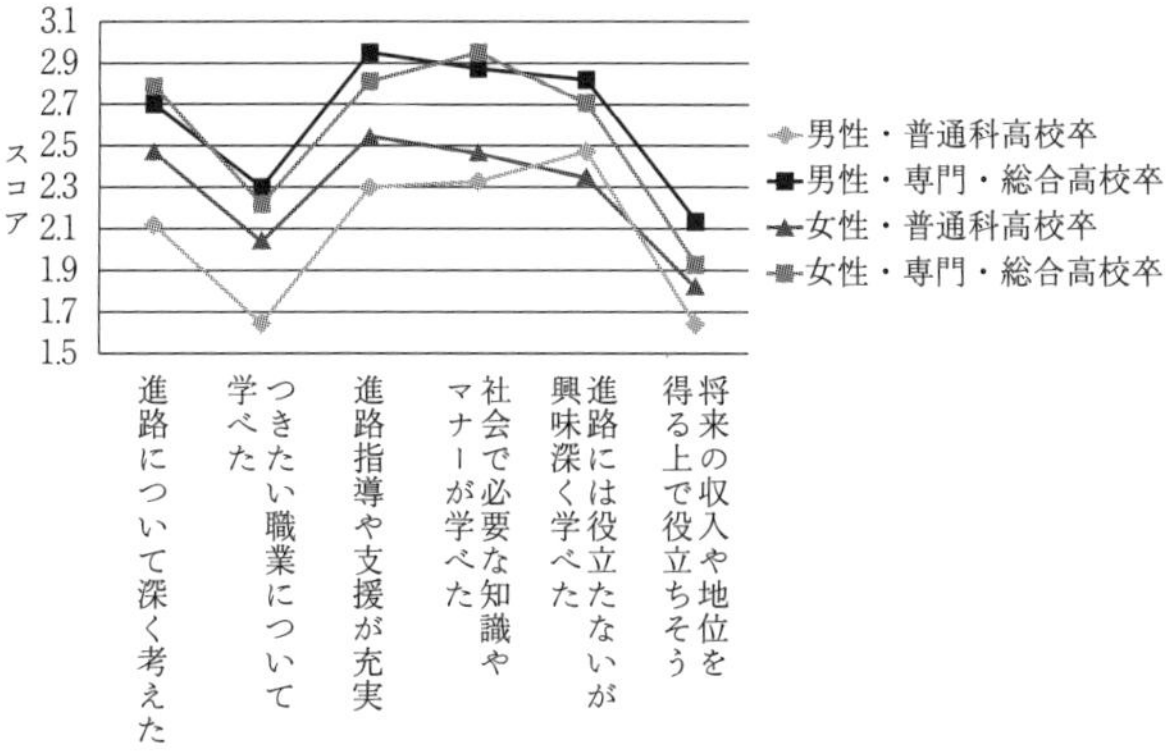


図16　性別・高校学科別　高校教育への評価

も良好な機能を果たし得ているといえる。

### †大学進学者にとっての専門学科の影響

ここまでは就労者に着目してきたが、高校専門学科にとって、労働市場に直結する完成教育を施す教育機関として自己規定することはますます難しくなっている。先ほど述べたように、高校専門学科はすでに実質的に「進路多様校」化しており、大学進学率も増加してきている。それならば、「職業的意義」というテーマからはやや外れるが、卒業後に進学した者にとっての高校教育の意味についても検討を加えておく必要があるだろう。

専門学科からの大学進学については、進学後に学力面でハンデを抱えがちであるという指摘がある（伊藤二〇〇七）。この点について、今回のデータを用いて検討してみた結果が図17である。図17には、四年制大学在学者の大学での成績を、高校出身学科別に示している。図に表れているように、確かに専門学科卒業者は普通科卒業者に比べて成績が「よい」「まあよい」と答える比率は少ない。しかし、その分多くなっているのは「中間ぐらい」という回答であり、「あまりよくない」「よくない」という回答の比率には専門学科卒と普通科卒でほとんど差がない。

ここからうかがわれるのは、やはり高校専門学科では教育課程における普通科目の時数が少ないため、大学教育において一定のハンデはあるものの、それは大学教育に不適応を起こすほどのものではないということである。しかも、本調査は二〇歳時点の結果であるため、大学での学年が進み専門教育の比重が高まるに従って、高校での専門分野と大学でのそれが合致している者の場合は、大学教育で力を発揮しやすくなる可能性もある。

そうであるならば、高校専門学科卒業生にとっての進学機会を現在よりも拡大することがもっと推進されてよいと考える。知識経済化が進行する中で、高校までの教育経験のみで職業生涯を送ることはいっそう難しくなると考えられる。高校専門学科は、労働市場に出る者にとって職業的意義をもっているだけでなく、進学してさらに専門性を高めようとする者にとっても有効なルートとなることが、今後さらに必要とされるだろう。

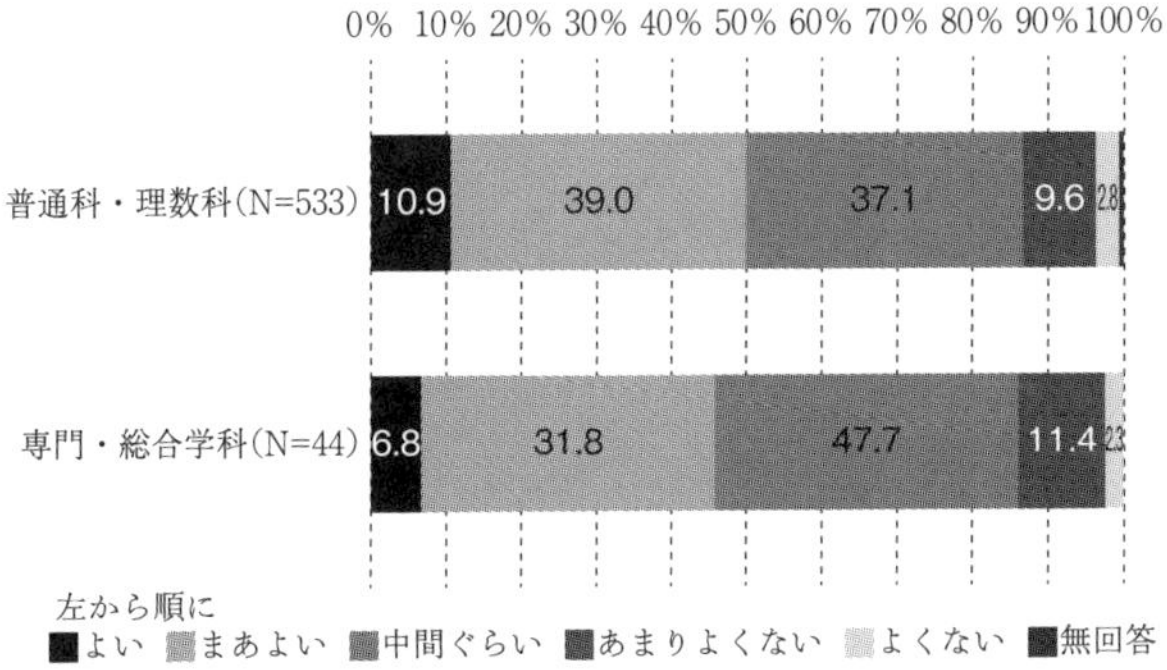


図17　高校学科別　四年制大学での成績

## 高校段階における専門教育の再評価を

本稿では、全国の二〇歳の若者に対する調査データを用いて、高校専門学科における〈教育の職業的意義〉を検討してきた。高校専門学科を出て仕事に就いている者は、正社員比率、就労意識、職種、労働時間など様々な客観的側面について、相対的に良好な働き方を実現できていることが確認された。対照的に、高校普通科出身の就労者は、これらすべての点で、労働市場の厳しさに無防備なままさらされている。また卒業者からの主観的評価という面でも、高校専門学科は普通科よりも高い水準の評価を得ていた。さらに、大学進学者についても、高校専門学科出身者は大学での教育達成に関してややハンデがあるものの、深刻な問題状況は見出されなかった。

これらを総合してみるならば、高校段階での専門教育は、労働市場や進学先における〈適応〉という面での意義を有しているということができるだろう。本稿がデータを用いて確認してきたこうした事柄は、高校専門学科の教職員や卒業者・在校生にとっては自明なことであるかもしれない。しかし、総合学科や単位制高校、あるいはキャリア教育など、新しい「高校改革」が華々しく進行する陰で、社会的関心が寄せられることが少なくなっている高校専門学科が、実際には多様な有効性や可能性を内包していることを、データによって裏付ける意味は大きいと考える。

むろん、現在の高校専門学科が万全というわけではなく、検討や改善は常に必要である。二〇〇八年一二月二四日に中央教育審議会に対し文部科学大臣より「今後の学校におけるキャリア教育・職業教育の在り方について」諮問がなされたが、その諮問理由説明の中では、高校における職業教育のあり方に関して以下のような現状認識が述べられている。

高等学校については、中学校卒業者の97％以上が進学するなど、義務教育ではないものの、国民的な教育機関となっており、生徒の興味・関心、進路等の多様化が学科を超えて進むとともに、学力・学習意欲等の面で課題が見られるところです。

このようななか、我が国の経済・社会の将来展望も踏まえつつ、中長期的視点から、生徒の多様なニーズに柔軟に応える職業教育の在り方について、ご検討をお願いいたします。その際、専門学科については、職業人として必要とされる知識・技能等が高度化していることや高等教育進学率が4割以上に高まっている状況にも鑑み、これまでの3年間で即戦力となる人材育成を目指す教育のみならず、例えば、高等教育機関との接続の円滑化や専攻科の位置づけなど、その職業教育の在り方について、ご検討をお願いいたします。また、普通科については、専門学科に比べ、卒業後進学も就職もしなかった者の割合が高くなっていること等も踏まえ、併せてご検討をお願いいたします。

この諮問理由においては、本稿でも言及してきた、専門学科における職業的選択肢の限定性の問題や、より高い教育段階への進学という課題が取り上げられている。高校専門学科の職業的意義を再評価しつつも、現代の社会経済状況に即したさらなる改善の方向性を探る姿勢が不可欠であろう。

# 3　いじめ・体罰・自殺の社会的土壌

## †自他への暴力としてのいじめ・体罰・自殺

本稿の目的は、いじめ・体罰・自殺という、日本の子どもや若者にとっていずれも重い問題となっている事象の、社会的背景を論じることにあります。言うまでもなく、いじめとは子どもや若者の間で、体罰とは年長者が子どもや若者に対して、それぞれ他者に向かって行使する、身体的もしくは精神的な暴力を意味しています。

なお、職場や家庭において発生する暴力にも、いじめや体罰という言葉が用いられる場合がありますが、職場に関してはパワーハラスメント、家庭に関してはドメスティック・バイオレンスや虐待など、別の用語も存在することから、いじめや体罰は狭義には学校において発生するものを主に指しているといえます。また、自殺とは自らに対して行使される究極の暴力です。

このように、暴力の内容や度合い、行使する主体や向けられる先は異なっていても、いじめ・体罰・自殺はいずれも人間を攻撃する行為であり、それゆえにこそ、標的とされた者や広くその周囲の者にとって深刻な傷を残すのです。

これらの現象については、その厳密な定義の難しさや変化、調査方法の限界などにより、その発生件数や詳しい実態を把握することは容易ではありません。しかしその上で、既存の調査等で指摘されている事柄をまず確認しておきたいと思います。

## †何が起こっているのか

いじめに関する文部科学省の調査[*11]によれば、いじめは中学校、特に中学一年生で発生件数が多く、次いで中学二年生、小学校高学年の順になっています。いじめの内容は、「冷やかしやからかい、悪口や脅し文句、嫌なことを言われる」が全体の六五・九％で圧倒的に多く、続いて「軽くぶつかられたり、遊ぶふりをして叩かれたり、蹴られたりする」（二二・三％）、「仲間はずれ、集団による無視をされる」（一九・七％）となっています。いわゆる「ネットいじめ」にあたる、「パソコンや携帯電話等で、誹謗中傷や嫌なことをされる」は、全体では四・三％で多くはありませんが、高校では一四・五％と、小中学校よりも一〇ポイント近く高くなっています。

これらの結果に基づけば、学校におけるいじめは、言葉や態度による精神的な暴力か、軽微な身体的暴力が大きな比重を占めています。ただし、「ひどくぶつかられたり、叩かれたり、蹴られたりする」という、激しい暴力も七・〇％と一定の比率を占めています。

また、検挙・補導されたいじめ事件の原因・動機を二〇〇一年と二〇一二年で比較した図18によれば、「力が弱い・無抵抗」「動作がにぶい」といった原因・動機が増加しており、「弱い者いじめ」的な性質が強まっていることがうかがわれます。ただし、そのようないじめ自体が増加したのか、検挙・補導の方針の変化によるものかは、不明です。

教師による体罰についても文部科学省の同調査を参照すると、やはり中学校で発生件数が多く、授業中もしくは部活動中において発生しやすいことがわかります。内容は「素手で殴る」が五七・〇％で最多であり、被害の状況は「傷害なし」が六七・〇％と多くを占め、続いて「打撲」一一・八％となっています。

自殺については、警察庁の「自殺統計」を元にした内閣府の分析によれば、自殺者数自体は中高年男性に多いが、過去約二〇年間の増加率は二〇代で大きく、また若年層の死因

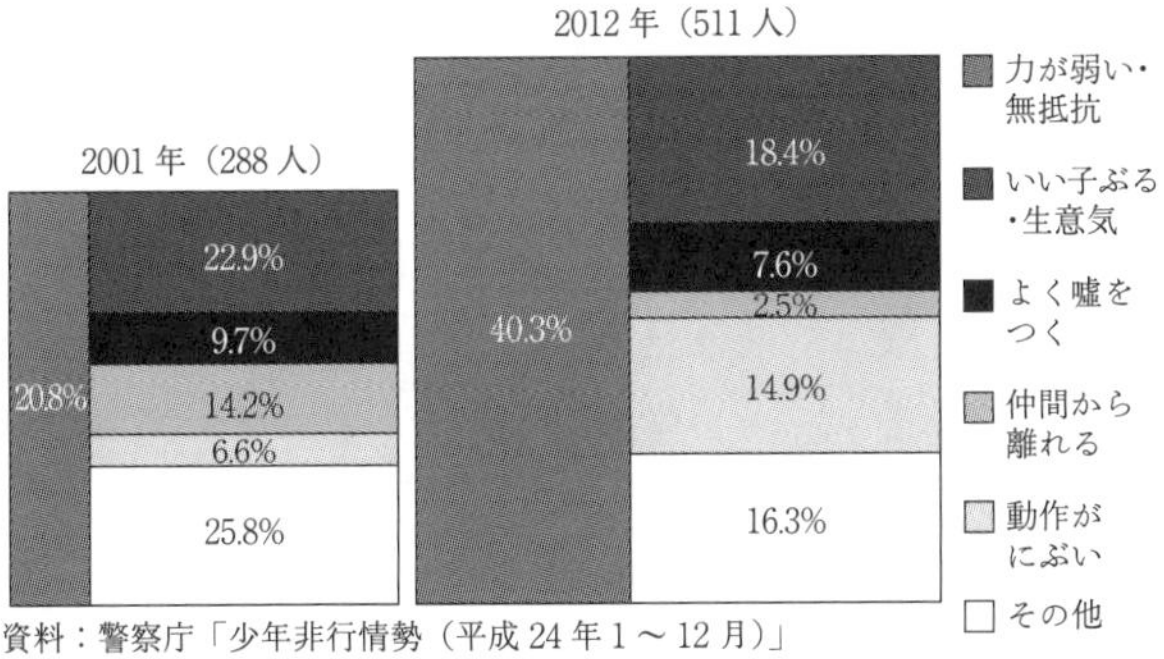


資料：警察庁「少年非行情勢（平成24年1～12月）」
出所：舞田敏彦氏による作図

図18　いじめ事件の検挙・補導人員数（原因・動機別）

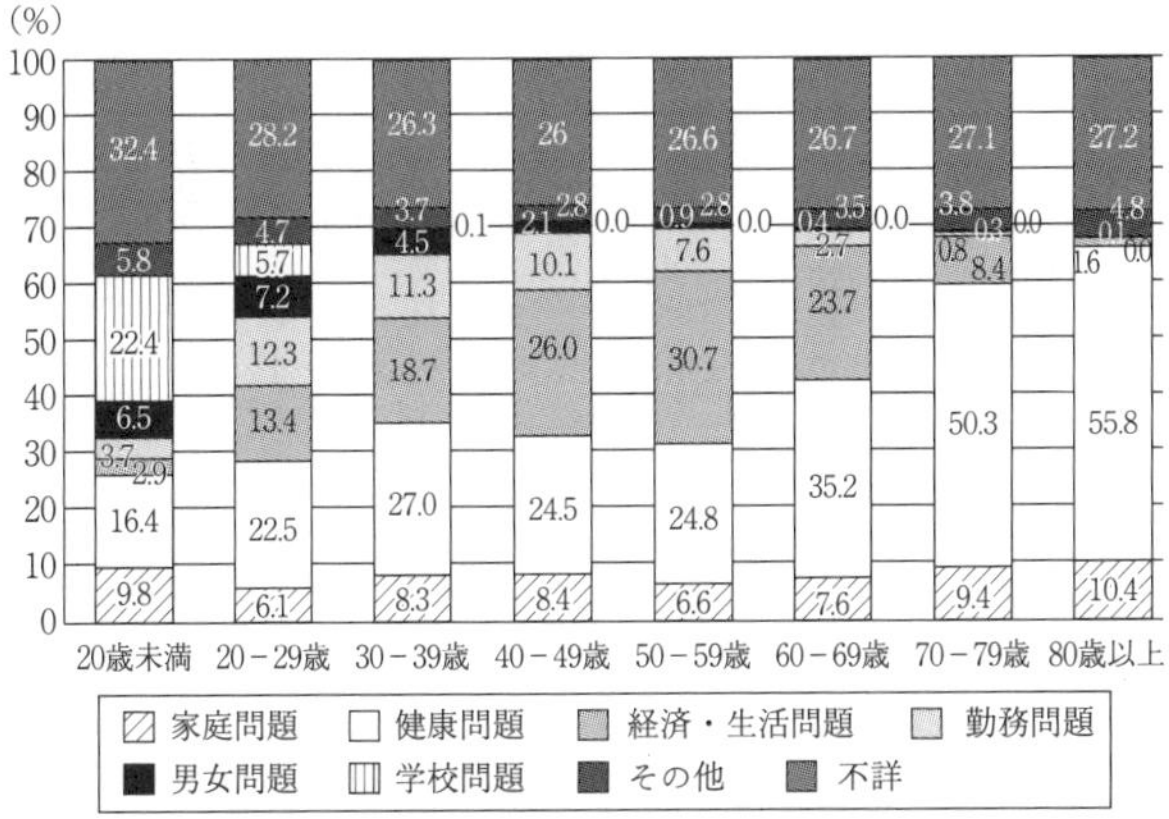


資料：警察「自殺統計」より内閣府作成
出所：内閣府『平成24年版自殺対策白書』

図19　性別、年齢別に見た自殺の原因・動機の内訳
（2009年－2011年平均、男性）

の第一位が自殺であることや死亡率の高さなどが他の先進諸国と比べても特徴的であることが指摘されています。自殺の原因・動機は、他の年齢層と比べて一〇代では男女とも「学校問題」が、二〇代の、特に男性では「勤務問題」が相対的に多くなっています（図19）。さらに、「経済・生活問題」に含まれる小分類項目である「就職失敗」による自殺が、近年、特に二〇代男性で増加しているという指摘もあります。

また、二〇一四年六月一九日の報道によれば、文部科学省は自殺した児童生徒が置かれていた状況について、把握している内容の報告を学校側に求め、二〇一一年六月〜一三年末に報告された約五〇〇例を分析した結果を公表したとされています。

その結果では、学校に関する悩みについては、進路問題が一一・九％と最多であり、次いで友人関係（七・九％）、成績不振（六・九％）などが多く、いじめを原因とする自殺は二％程度に留まるとのことです。しかし、この分析結果の詳細は公開されておらず（二〇一四年八月時点）、またあくまで学校が把握する状況にすぎないことから、子どもの自殺の背景としていじめ問題がこれほど比重が小さいのかどうかについては、速断を慎む必要があるでしょう。

## †日本社会における所属集団の重要性

いじめ・体罰・自殺が生じる社会的背景を考察するためには、その長期的変化や社会間での比較を可能にする包括的な調査研究が必要です。国際比較研究の一例として、日本・オランダ・イギリス・ノルウェーにおけるいじめを比較した森田ら（二〇〇一年）の研究があります。*12 その結果によれば、日本ではいじめの発生頻度は他の三カ国と比べて高くはないが、高頻度で長期にわたり被害を受ける者の比率が学年上昇とともにやや上昇する傾向にあること、いじめの発生場所として他国よりも「教室」が多いこと、またいじめを止めたり教員に知らせたりする「介入群」が学年が上になるほど減少することが指摘されています。介入者が減り不干渉者が増えるということは、いじめが加害・被害の当事者集団の中だけに内閉してゆくことを示唆しています。

しかし、この研究もすでに十数年前のものであり、体罰や自殺についても、信頼できるデータによる国際比較研究や時系列的研究の蓄積は進んでいません。それゆえ、以下の考察は推論に留まるものであることは、あらかじめお断りしておきます。

すでに様々に指摘されていることですが、日本では何らかの集団への「所属」が重視される度合いが高く、しかもその「所属」において個人の人格全体に及ぶ集団への同調が求められる傾向があります。ここで集団と呼んでいるのは、主要には学校や学級、職場、家族など、メンバーと非メンバーの線引きが明確で、かつ共に過ごす時間がかなり長いような人間の集合のことですが、よりインフォーマルで流動的な友人集団のようなものも含まれます。これらの集団のメンバーとして承認されていること、それぞれの集団での期待や要請に沿ったふるまいや考え方ができることが、他者から、もしくは自分自身への評価として、大きな意味をもっているのが日本社会です。

このことはしばしば、欧米では個人主義が強いのに対して日本社会では集団主義が強い、といった形で論じられてきました。日本における所属集団の重視がどのような歴史的源泉をもつのか、時代とともにどのように変化してきているのかについて、ここでは詳しく検討することができません。しかし、少なくとも、「半圧縮近代」と表現される特異な近代化のプロセスを日本が経てきたこと[*13]や、神と個人が直接に向かい合う宗教的伝統の欠如[*14]などが影響していると考えられます。

さらに、一九九〇年代以降の日本の経済・社会の変容により、受験競争や「立身出世」へと個々人を加熱するメカニズムが現実性を失ったことも、遠い将来の地位達成より

「今・ここ」の所属集団への関心を前景化させる方向に作用してきたと考えられます。[*15]

## †所属集団からの「制裁」とその帰結

こうした集団への所属の重要さは、集団の中で漠然と期待・要請されているものから外れるふるまいや考え方をする個人に対する、他のメンバーによる「制裁」を生み出しがちです。しかも、この「制裁」が、客観的には暴力にすぎなくとも、それを行っている当事者の主観においては、「正義」や「快楽」として認識され感じられていることが多いのです。[*16]それゆえ、加害者は罪の意識が希薄ですし、いじめや体罰の加害者を擁護する議論さえ見受けられます。

そして、集団内で期待・要請されているふるまいや考え方の内容は、たとえば部活動で全力を尽くすこと、といったように、ある程度明確に定まっている場合もありますが、当該集団の中で勢力の強い個人や集団全体の雰囲気によって、恣意的に定められることも珍しくありません。ですから、あらゆることが「制裁」の対象となりえるのです。たとえば、「笑ったことが気に食わない」／「笑わなかったことが気に食わない」のどちらも「制裁」を引き起こす、といったようにです。

このような「制裁」が、同年齢層同士で発生したものがいじめ、教師から生徒に対して発生したものが体罰です。なお、いじめと近接する現象が、集団間で発生する場合もあります。その典型が、学級内の生徒集団間に地位の序列関係、いわゆる「スクールカースト」が形成されているようなケースです。[*17] いじめ、体罰、スクールカーストのいずれであっても、そこには、多様な個々人のふるまいや考え方を尊重したり、個人が独特であることを称賛したりするような風土はありません。ある閉じられた範囲でのみ通用する、有形無形のルールに沿えるかどうかが、最優先の価値規範とされているのです。

そうして、いつの間にか「制裁」の対象として攻撃・排除されてしまうことになった個人にとって、それは自分の全体が否定されてしまうに近い意味をもつ場合も少なくありません。あるいは逆に、反撃をしたくとも、「制裁」を受けている自分の方に非があるというレッテルを覆すことは非常に難しいことです。このいずれの場合も、苦痛が極に達したとき、自らを抹殺する、すなわち自殺するという選択を招きよせてしまうことにつながりかねません。他者の視線を自ら引き受けるのであれ、反対に他者からの「制裁」の酷さを告発するのであれ、自分が追い込まれた状況に対する「主体的」な表現として、自殺が選び取られてしまうのです。このような選択は、積み重ねられた前例や、それらを了解しやすいストーリーとして語るマスメディア等からも影響を受けています。*18

なお、近年、増加が指摘されている就職活動時の自殺は、学校や大学という集団から職場という集団への飛び移りがうまくいかないことを悲観してのものです。度重なる不採用は、卒業後の新たな所属を拒否され続けるということに他ならず、しかも企業側の対応が冷酷な場合も多いことから、自分の現在と将来を全否定されたように感じて自殺に至っていると考えられます。

## †所属集団の開放化と多元化に向けて

このような、所属集団の過度の重要さ、その集団の期待や要請に同調しきれない個人に対する「制裁」としてのいじめや体罰、それらが時に招く自殺、こうした事態を放置してはならないことは明らかです。では、どのような対策がありえるのかを考えたとき、たとえば学校への警察の介入といった方策だけでは限界があることは言うまでもありません。なぜなら、本稿の最初に確認したように、いじめや体罰の多くは日常的な相互行為に埋め込まれており、一見「軽微」に見えながら、実際には被害者にとっての苦しみが甚だしいことも多いからです。

必要なのは、集団への所属に伴う期待や要請の全体性を、より限定的で重圧の少ないものにしてゆくこと、そして主要な所属集団以外にも様々な所属の場を選択できる機会があるような社会を作ってゆくことだと考えます。具体的な提案としては、たとえば、学校の授業科目ごとに学級編成を変えること、部活動を複数の学校が合同で行ったり地域のスポーツ団体や文化的な資源を部活動に代わるものとして活用したりすること、内定先なく卒業した者が暫定的な所属の場をもてるようにし、そこを拠点にして求職活動や職業能力開発にトライできるようにすることなどです。こうして所属集団の圧力を可能な限り軽いものにするとともに、多様な個々人の存在を肯定する価値規範を広げてゆく努力が、この社会のすべての人々に求められているのです。

第五章

# 母親・家族への圧力

# 1　いま、家庭教育を救うには

## †現代社会の家庭教育への影響

――今の母親には、かつてないほど子育てへのプレッシャーがかかっていると指摘されています。

**本田**　今の社会では、個人に要請される能力が多岐にわたってきています。以前は学力や学歴が高ければ、収入のいい仕事につけたのですが、今は学力・学歴に加え、さまざまな力が必要とされるようになってきました。コミュニケーション能力、問題解決能力、意欲、独創性など、人格や感情の全体に及ぶ、いわゆる人間力と呼ばれる力が必要とされてきたのです。その結果、子どもにいろんな力を備えさせ、競争に勝てるように育てなくてはならないという切迫感が、母親に強くなってきました。

近年、次々と創刊されたビジネス系の子育て雑誌をはじめ、他の雑誌でも「子どもが生き残っていくためには能力が必要。そのために家族はあれもこれもしなければ」というアドバイスがたくさん書かれています。また、いじめが陰湿化して広がりを見せている、キレた子どもが犯罪を起こしたなどという事件の報道もあり、背景には家庭の問題があったなどと指摘されたりする。そんな情報を正面から受け止めたり、無視したり、母親にもいろいろなタイプがいますが、濃淡はあってもみんなプレッシャーをどこかで感じています。

子どもの問題について親が責任を感じることに関しては、日本の親は他の人に言われなくても強すぎるくらい感じています。他の先進国に比べ、親子をつなげて考える傾向がとくに強いという指摘があります。家族は親密性によって構成されていますが、欧米は横関係の夫婦間のつながりが家族を形成する核で、子どもは別人格として扱うことが伝統です。でも、日本は縦の関係の親子関係が重視されていますから、問題や犯罪が起こったとき、親は責任を強く感じ、社会もその責任を強く問う面があると思います。

――有形無形のプレッシャーがあるのですね。

**本田**　また、子育てにも格差拡大と言われる社会の影響が表れてきています。私は母親の子どもへのかかわり方をインタビュー調査しましたが、そこから育児のタイプの中に、子どもの遊びや体験、希望や意見の表明を重視する「のびのび型」と、勉強や生活習慣を子どもに厳格に求める「きっちり型」の要素があることが見えてきました。

そして、母親が高学歴で資源に恵まれている高階層の家族ほど「のびのび型」と「きっちり型」の両方に力を注いでいる状況が見えてきました。それ以外の家族では相対的に「のびのび型」寄りの子育てをする傾向が見られました。また、高階層の母親ほど、子どもの可能性を最大限に広げようとするのに対し、そこまで家族の諸資源が充実していない母親は、普通に人生を送っていってもらえればいいと考える人が多いという結果も出てきました。

調査を通して、子育てにかける熱心さは、ほとんど母親の間で変わらないと感じました。それぞれの家族が自分たちのもつ資源を精一杯注ぎ込んで子育てをしている。いずれの家庭教育が優れているとは決して言えません。しかし、子どもに体験させてやれることや教育にかけられる金額など、現実的な資源にどうしても差があり、将来の教育達成や職業達成という観点からは、高階層の母親の子育ての方が「有利な」将来を子どもにもたらしがちなのです。

――家族の資源の差の影響が表れてきているのですね。

本田　インタビュー調査からは、子育て自体がもつ矛盾が、母親に葛藤を生み出していることも見えてきました。さまざまな能力が要請されているのはわかっても、いわゆる人間力と言われる力は、どうやったら確実に育つのか方法がはっきりしていない。成功者に対して、「あの人は人間力があったのだ」と後づけで与えられる力にすぎないという見方もあるぐらいです。体験に基づいたアドバイスはありますが、それは膨大な数で生活のあらゆる態度にわたり、実行するのは難しい。それに、アドバイスにはやりすぎてはいけないという注意書きがあったりする。子どもに理解を示し意欲を引き出すべきだというアドバイスもあれば、それは「友だち親子」という関係で、親が子どもに嫌われたくない、責任を取りたくない姿勢の表れだという指摘もある。理解しなければいけない、しすぎてはいけない。放任はいけない、干渉はいけない……何をすればいいのかわからないですよね。

また、今、子育ての中心となっている母親は、女性の社会進出がかつてよりも肯定されるようになってきた世代で、一度は仕事に就いた人が多い。頭の片隅で自分の人生における自己実現を潜在的に意識しながら、子育ての負担が大きいゆえに、仕事での自己実現を放棄せざるを得なくなっている人もいます。子どもは可愛いし、子育ては自分の務めだと思っているから、納得して人生を送っているつもりでも、何か大事なものを捨ててしまったのではないかという葛藤を抱きがちです。働いている人も、仕事も子育ても中途半端にしてしまっているのではないかという罪悪感から逃れられなかったりする。

要請される力の多面化、子育て方法の多様化、自分の心の葛藤など、さまざまなことに縛り付けられ身動きできない母親の様子が見えます。

## †壊れてきた循環モデル

――どうしてこのような状況が生まれてきたのでしょうか。

**本田**　もともと日本の社会は、教育に関して、費用面でも意欲面でも家族の下支えを前提としてきたところがありました。私は、戦後の日本社会は、「家族」「教育」「仕事」の三つの領域が、それぞれ「家族」は「教育」に、「教育」は「仕事」に、「仕事」は「家族」に、人や資源を投入する形で回っていたと考えています。

まず「家族」の領域では、塾や私学に子どもを行かせるための費用を捻出し、教育ママと呼ばれたような母親が、子どもの勉強をあとおしして、「教育」に力を注いでいました。「教育」の領域では、子どもたちはいい「仕事」につくため、いい学校に進学することを目指して勉強に励んでいました。

そして「仕事」の領域では、父親が少しでも多く「家族」に給料をもち帰ろうと懸命に働いていた。このような循環モデルがあったと思います。

このモデルは高度経済成長期の終わりから七〇年代にかけて成立したと考えられます。緊密に回っていたから、完璧に見えたのですが、矛盾もありました。この循環の中で、つねに人はほかの領域のことを念頭に置いて生きていたので、今、自分がいる領域そのものの意味を、空洞化させていたのです。ひたすら勉強ばかりさせられている子ども、意に添わない仕事でも家族のためにと働き続ける父親、豊かな家庭にいてもここに家族の心はないと感じている母親など、これは幸せなのか？　と考えざるを得ない状態にあったと思います。

その矛盾は腐臭のように、七〇年代後半から八〇年代にかけて漂っていました。家族の崩壊が「岸辺のアルバム」「金曜日の妻たちへ」などのテレビドラマで描かれ、家庭内暴力などが問題になってきました。教育現場でも登校拒否、校内暴力、いじめなどの問題が起きました。仕事の領域でも、日本型雇用は「ジャパン・アズ・ナンバーワン」と、世界中で成功モデルともてはやされていたものの、過労死などの問題が現れていました。それでも、総中流と言われる豊かさが保障されていたことを考えれば、今よりは我慢する甲斐があったと言えるかもしれません。

――それが大きく変化したのですね。

**本田**　バブル経済が崩壊した九〇年代の不況時、仕事の世界に大きな変化が生じました。国際的な競争や産業構造の変化を背景に、終身雇用や年功賃金が保障された正社員の数がぐっと減り、その分を安い賃金でいつでもクビを切れる非正規社員で補うようになってきたのです。安定して暮らしていける人が減り、仕事から家族に持ち帰ることができる賃金が減りました。

その結果、今まで成り立っていた三つの領域の間の循環が弱体化してきたのです。各領域自体も力を失い、家族をつくる収入を得られない人、教育費を捻出できない家庭など、循環から弾き出され、弱い立場に置かれている人たちが増えてきました。貯蓄ゼロ家族や、生活保護を受ける家族も増え、明らかに貧困が拡大しました。

そして、家族の下支えが前提となっていた教育において、それぞれの家庭が教育に注げる資源の差が次第に表れるようになってきたのです。かつての循環から弾き出されないようにする競争も社会全体で厳しくなったので、個人に要請される力が増え、それも家庭教育に影響を及ぼしてきたのです。

## †心がけで問題は解決しない

——日本ではさまざまな問題の原因が、社会より個人に求められる傾向がありますね。

**本田**　社会の矛盾、葛藤、齟齬が、大きく表れてきているからこそ、いろんな問題や事件が起きているのに、原因を個人や家族のせいにして済ませる考え方は非常に強いです。もしかして戦前からの、すべては努力や心がけで克服できるはずという精神論みたいなものが、なお日本にはびこっているせいかもしれません。精神を変えればどうにでも問題は解決されたはずと考え、若者や子どもが事件を起こすと、その親子の心根が悪かったからとして話は終わる。政府も企業も、社会構造の矛盾を正さない自分たちの責任とはしたくないから、それに乗っかる。

　地域の人々の間の関係が弱まり、一人ひとり、一つ一つの家族はバラバラに切り離されて存在していて、社会構造に対する批判的な主張が届きにくい面もあると思います。一人の力は残念ながら弱い。日本は学生運動で盛り上がって以降、社会的な運動や交渉、批判のようなものは長らく風化していました。他の人に対して余計なことはするべきではないという気持ちも強くあり、介入や連帯が成り立ちにくくなっているところもあります。

それでも今まで問題にならなかったのは、みんなある程度豊かだったからでしょう。しかし、その保障がなくなった今、数十年間押し込められ、死にかけていた連帯・協力や運動の埃を払って息を吹き返させ、みんなで社会に向かって働きかけないと、この社会そのものがもたないと思います。

――海外では、社会問題があるとすぐデモなどが起きたりします。

**本田**　それが当たり前なのです。諸外国における市民教育ではこの点は重視されています。批判的思考、紛争の解決法を学ぶことが大事にされているのです。紛争があることを前提に、どうやって解決していくかがシステムとして設計されている。泣き寝入りや自殺などあってはならない。逆に日本ではみんな仲良く、社会貢献を意識してと、道徳的な話になってしまう。一人ひとりの心がけが問題になり、疑問や不満、批判が社会に向かない。これも矛盾を温存している一因です。

## †家庭の過剰な負担を取り除く

――社会として取り組まなければならないことは何でしょう。

**本田**　極論ではあるのですが、家族と教育は、ある意味で切り離すべきだと思っています。

教育に関して、家族に過度な役割を期待してはならない。次世代の育成は、制度として確立された教育、家族以外の広い社会が引き取って行い、親が過剰な責任を負わなくて済むようにすべきです。

日本の義務教育は習得主義ではないので、小・中学校の場合、習ったことがわからなくても進級できます。そして、かなりの数の子どもが学習内容を理解しないまま卒業してしまう。完全に習得主義にする必要はなくても、あまりに学習内容が習得できていない場合は、個別の補充的な指導を与える方向に進む必要はあるでしょう。あらゆる子どもの学習面の力を伸ばし、家族が持つ資源の差によって大きな差がつかないようにして、世の中に送り出してほしい。教育に対して過剰な責務を家族が負う必要がなくなり、家族と教育を切り離すことによって初めて、親は子どもの学力や人間力をつけることで頭をいっぱいにしなくてもよくなり、本来の情愛にあふれた、純粋にホッとする場としての家庭をつくれるのではないでしょうか。

理想論であることはわかっているのですが、あまりに世の中が違う方向へ向かい、壊れかけた矛盾の多い循環にみんな血眼になって参入しようとする状況が進んでいるようなので、あえて対抗的に言わせていただきます。

――一人ひとりの親や教師にできることはありますか。

**本田**　心がけ論になりそうで答えるのが難しいところですが（苦笑）、地元のどの学校に行っても安心して教育が受けられるように取り組んでいってほしいです。

家庭が子どもの教育に力を注ぐ場合、親の自然な気持ちとして、どうしても自分の子どものことだけを考えがちです。学校選択制についてのアンケート結果を見たことがありますが、選択制を導入すれば、格差拡大などにより、社会全体が悪くなるかもしれないという意見は、過半数に及ぶ比率でした。でも、自分の子どものためには学校を選択したいという意見が強かった。

選択制導入の背景には、適切な選択や行為をすれば社会淘汰が働き、駄目なものは消え、よりよいものが残って社会はよくなる、そのためには個人や家族に選択の自由をより多く与えなければならないという新自由主義的な考え方があります。でも、そのような考え方は、もっと自分の利害に基づいた選択をしなさいと言っている面もあり、社会全体として見た場合、本当によいことにつながるのかは疑問です。ごく一部のモンスターペアレントと言われる親たちも、個々の親が「ちゃんと選べ、要求しろ」と言われ続けた結果、極端な行動に出ているとも考えられます。

まずは親が学校に、このような教育を私たちは望んでいると伝えていく必要があるでしょう。それだけでも、学校が気づいていなかった点に配慮してくれるようになるかもしれない。そのとき注意しなければならないのは、ケンカにならないこと。日本ではいざ矛盾や不満を口にするとなったとき、戦略的に妥当な声をあげていくという社会的な訓練がないので、穏やかに伝えられず、感情的になってしまうところがあります。

学校にある問題点を冷静に指摘して、直してもらうよう交渉する。家族の収入が不安定になり、父親も母親も働く必要が出てきている中、学校との交渉に時間を割ける親は少なくなっていますから、難しいとは承知しているのですが、親がそういう状況にあるからこそ、なおさら学校はしっかりしてほしいのです。

――今は学校の負担も大きくなっています。

**本田**　学校に期待すると言っても、個々の先生の力にすべて任せるという精神論を述べているのではなく、何より教職員の増員を図る必要があるでしょう。放課後はＮＰＯや地域団体が入って、魅力ある活動を多様に提供するというように役割分担する方法もあると思います。

それには公的な財政支出の増加の問題があると言われるかもしれませんが、日本はＯＥ

CD諸国の中でも教育に対する公財政支出の水準は非常に低いのです。こういう面にも家族への教育費負担面での依存が表れています。

先生と親の接点として、子どもたちがいます。日々接している子どもが元気で楽しく暮らしていけるようにという共通の思いの中で、教師と親が考えを共有し合い、できることはあると思うのです。

## †社会学者の責任として

――読者にメッセージを。

**本田**　社会構造の矛盾の中で本当に辛くきつい生活を強いられている方がいます。そんな方からすれば、社会構造を変えるべきという私の論は悠長に思えるかもしれません。私の著書を読んで、より競争に励まなければと思ってしまった人もいるようです。今の社会の現実を直視することで、その弊害に対し、社会的公正という観点に基づく対策を導入する必要性を提起したいのだと、再三強調しているのですが、そうは受け取ってくれない方もいる。私も葛藤の中にいます。でも山積みの問題を明確にし、対処法を考えていかないと、この社会が生き延びる道はないと思うのです。

九〇年代に顕在化した若年者の雇用の問題も、数年間は若者に働く意欲がないからとバッシングして済ませていました。しかし数年前から、意欲などでは説明できない、働かせる側の問題、社会構造の問題ととらえられるようになってきました。いろんな動きや法整備など芽は出てきている。何も変えられない、何も信じられないというわけではないでしょう。

格差問題はまだ仕事の世界の論議に終始し、家庭教育まで視野に入れた論議はこれからです。社会構造の矛盾を、もっとわかりやすく指摘していく。これは私たち社会学者の責任だと思っています。

## 2　不安の中で先祖返りする若者たち――「夫は外、妻は家庭」意識の増加

内閣府が数年ごとに実施する「男女共同参画社会に関する世論調査」で「夫は外で働き、妻は家庭を守るべきである」という考えに賛成する回答者の比率は、一九九二年以降二〇〇九年まで減り続けたが、二〇一二年一〇月調査ではこの流れが反転し、賛成の比率が約一〇ポイント増加して半数を超え話題を呼んだ。

高齢者ほど「夫は外、妻は家庭」に肯定的であり、社会の高齢化に伴う回答者内の高齢者比率の上昇が、調査結果に反映されている。だが今回の調査結果の注目点は「夫は外、妻は家庭」に賛成する二〇代回答者の二〇ポイント近い大幅増である。

### †専業主婦へのあこがれに原因を求める解釈

この調査結果には、すでにさまざまな解釈が加えられている。調査の結果を報じた同年

一二月一五日付日本経済新聞の記事には、「内閣府の担当者は「東日本大震災後の家族の絆をより重視する傾向の表れとみられる」と分析している」とある。同日付朝日新聞は、博報堂若者生活研究室アナリスト・原田曜平氏による、「リーマン・ショック後に若者の雇用環境が悪化した。現実は厳しく、普通は女性も働きに出なければならないという発想になる。「夫は外、妻は家庭」という生き方が手に入れにくいからこそ、逆にあこがれが高まったという面もあるのではないか」というコメントを掲載している。

また、一二月二八日付の毎日新聞には、中央大学教授の山田昌弘氏が次のようなコメントを寄せている。「この背景に、若者の劣悪な労働環境があることは間違いない。就職活動に疲れ果てた男子学生の一人が「専業主夫になれるものならなりたい」とこぼしていた。(中略)家で専業主婦が待っていることを前提とした働き方が日本企業の標準である。たとえ仕事は面白くても、残業や休日出勤を断りにくい状況では、専業主婦がいなければやっていけないと考える男性と、結婚し子どもが生まれたら働き続けるのは無理と思う女性が増えるのは仕方がない。かといって、低収入の非正規雇用では仕事のやりがいもなく、やらないで済むならと考える女性も増える。この専業主婦志向には大きな落とし穴がある。現在、若年男性の雇用も不安定になっている」

## †疑わしい絆の重視

内閣府の調査は粗い集計結果しか公表されておらず、これらの解釈がどの程度あてはまるのかは、傍証をつなぎ合わせて推測するしかないのだが、可能な範囲で試みてみよう。

まず、「大震災による家族の絆重視」は疑わしい。なぜなら大震災以前から、「夫は外、妻は家庭」を支持する意識の——特に若年層での——高まりを示すデータが存在するからだ。

二〇〇八年に国立社会保障・人口問題研究所が、有配偶女性を対象に実施した「全国家庭動向調査」でも、一九九三年の第一回調査から二〇〇三年の第三回調査まで減少してきた「夫は外で働き、妻は主婦業に専念すべき」という考え方が、二〇〇八年の第四回調査では反転して増加し、中でも二九歳以下の増加の度合いが大きい。

続いて、大まかには「雇用環境悪化仮説」といえる原田氏と山田氏の議論を検討してみる。

まず、原田氏のコメントにある「リーマン・ショック」が若者の意識を変える重要なきっかけとなったとは言い切れない。若者の雇用状況が最も悪化していたのは二〇〇〇〜二〇〇四年頃であり、その頃はまだ「夫は外、妻は家庭」意識は減少傾向にあったからだ。また、山田氏のコメントには既婚男女の生活戦略の問題と、未婚男女の結婚観が混在し、さらにそれぞれについて男女の見方が含まれており、各要因を分けた後に検証する必要がある。

## †安定志向の若者たち

二〇一〇年国勢調査によれば、二五〜二九歳の未婚率は男性で約七割、女性で約六割であり、今回の内閣府調査でも二〇代回答者の過半数は未婚者と推測できる。公表されている集計結果には、男女別に年齢層と既婚者・未婚者の回答結果はあるが、年齢層と未既婚の区別を重ね合わせた回答はない（表5）。しかし、多くが若年層に属すると考えられる未婚者の回答では、男女とも「夫は外、妻は家庭」に賛成する度合いの増加率が大きい。ではなぜ未婚の若年層でこの考えへの賛同者が増えたのだろうか。

まず、今世紀の最初の一〇年間が、若者にとってどのような時期であったかを振り返ってみよう。先に触れたように、バブル経済の崩壊後の若年労働市場の悪化は、二〇〇三年頃にピークを迎え、その後、二〇〇四年頃から二〇〇八年頃までは、いわゆる「いざなぎ

| | 2012年10月調査 | | 前回調査（2009年10月）との比較 | | |
|---|---|---|---|---|---|
| | 賛成 | どちらかといえば賛成 | 「賛成」へのポイント増 | 「どちらかといえば賛成」へのポイント増 | 両回答のポイント増合計 |
| 全体 | 12.9 | 38.7 | 2.3 | 8.0 | 10.3 |
| 女性 | 12.4 | 36.0 | 2.9 | 8.2 | 11.1 |
| 男性 | 13.3 | 41.8 | 1.4 | 7.8 | 9.2 |
| 年代別（上段が女性、下段が男性） | | | | | |
| 20～29歳 | 5.6 | 38.1 | 2.2 | 13.7 | 15.9 |
| | 9.3 | 46.4 | 6.5 | 14.9 | 21.4 |
| 30～39歳 | 6.6 | 35.0 | 1.0 | 4.5 | 5.5 |
| | 10.7 | 41.5 | 5.8 | 1.3 | 7.1 |
| 40～49歳 | 7.1 | 33.8 | 4.5 | 3.1 | 7.6 |
| | 10.3 | 40.6 | 4.5 | 4.3 | 8.8 |
| 50～59歳 | 6.2 | 34.2 | 1.5 | 9.0 | 10.5 |
| | 8.7 | 38.5 | −1.7 | 4.9 | 3.2 |
| 60～69歳 | 11.9 | 40.3 | −2.6 | 13.8 | 11.2 |
| | 12.7 | 43.1 | −2.6 | 15.0 | 12.4 |
| 70歳以上 | 27.0 | 35.2 | 4.3 | 6.1 | 10.4 |
| | 22.9 | 42.1 | −0.7 | 6.0 | 5.3 |

（左ページへ続く）

| | 2012年10月調査 | | 前回調査（2009年10月）との比較 | | |
|---|---|---|---|---|---|
| | 賛成 | どちらかといえば賛成 | 「賛成」へのポイント増 | 「どちらかといえば賛成」へのポ | 両回答のポイント増合計 |
| 従業上の地位別（上段が女性、下段が男性） | | | | | |
| 雇用者 | 4.9 | 30.0 | 1.4 | 7.0 | 8.4 |
| | 9.2 | 43.0 | 2.6 | 7.6 | 10.2 |
| 自営業主 | 11.6 | 37.9 | 7.0 | 14.9 | 21.9 |
| | 16.5 | 36.9 | 1.0 | 3.4 | 4.4 |
| 家族従業者 | 12.7 | 38.0 | 0.3 | 9.1 | 9.4 |
| | 14.3 | 28.6 | 10.0 | −19.2 | −9.2 |
| 主婦・主夫 | 16.7 | 43.6 | 3.4 | 10.5 | 13.9 |
| | 17.2 | 37.9 | −2.8 | 8.8 | 6.0 |
| その他の無職 | 24.4 | 34.2 | 4.7 | 3.9 | 8.6 |
| | 20.0 | 42.9 | −1.7 | 12.3 | 10.6 |
| 未既婚別（上段が女性、下段が男性） | | | | | |
| 有配偶（パートナー同居含む） | 11.9 | 36.2 | 2.9 | 7.7 | 10.6 |
| | 13.5 | 42.1 | 1.2 | 7.2 | 8.4 |
| 離別・死別 | 21.6 | 34.5 | 3.9 | 5.5 | 9.4 |
| | 22.9 | 42.2 | −6.4 | 16.1 | 9.7 |
| 未婚 | 4.7 | 36.3 | 0.8 | 14.6 | 15.4 |
| | 10.0 | 40.6 | 5.7 | 7.6 | 13.3 |

出所：内閣府「男女共同参画社会に関する世論調査」に基づき作成

表５「夫は外で働き、妻は家庭を守るべきである」という考え方に賛成する割合

越え」の景気回復期を迎える。その推移は、たとえば図20の若年失業率・失業者数の推移からも読み取れるし、また新規大卒者の求人倍率をみても、二〇〇〇年代前半には一・三倍前後で低迷していたものが、後半にはみるみる上昇して二〇〇八年には二・一四倍に達している。この景気回復期は、リーマン・ショック後の二〇〇九年に反転するのだが、そこにいたるまでの約五年間は、日本がようやく長期不況から抜け出すことができたという安堵や楽観が社会に広がっていたことが重要である。

そのような社会の雰囲気は、若者の意識にも確実に影響していたと考えられる。たとえば、二〇一一年に労働政策研究・研修機構が東京都の二〇代の若者に対して実施した「第三回若者のワークスタイル調査」によれば、この時点で二〇代の若者は二〇〇四～二〇〇八年頃の景気回復期に新卒としての就職や早期転職の時期を迎えており、二〇〇六年の第二回調査と比較して男女とも正社員比率が増加している。さらに同調査では、二〇〇一年の第一回調査と比べフリーター的な働き方への共感が薄れ、正社員や長期勤続など「安定志向」的な働き方への支持が増大している。すなわち、この時期の景気回復は、若者の中にも、バブル崩壊前のような活力ある経済と安定した雇用を特徴とする日本社会に戻れるのではないか、という意識を芽生えさせていたことがうかがわれるのである。

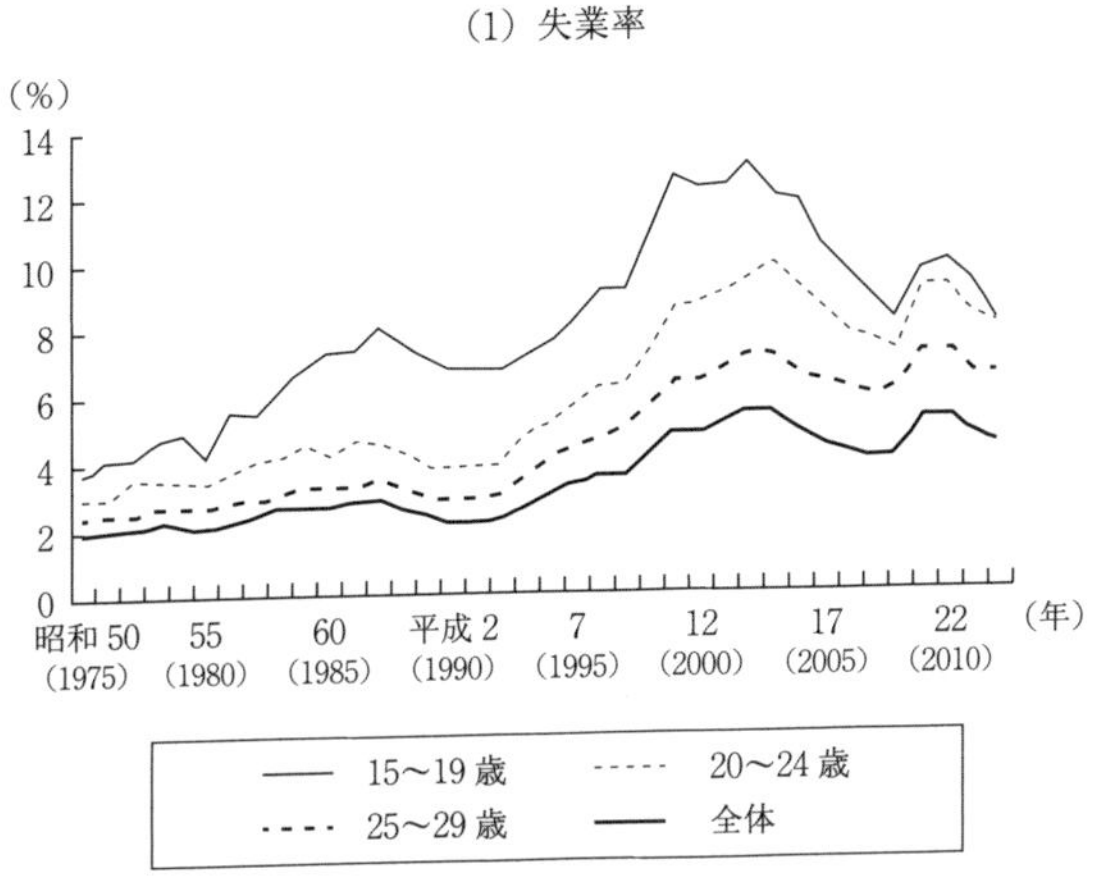


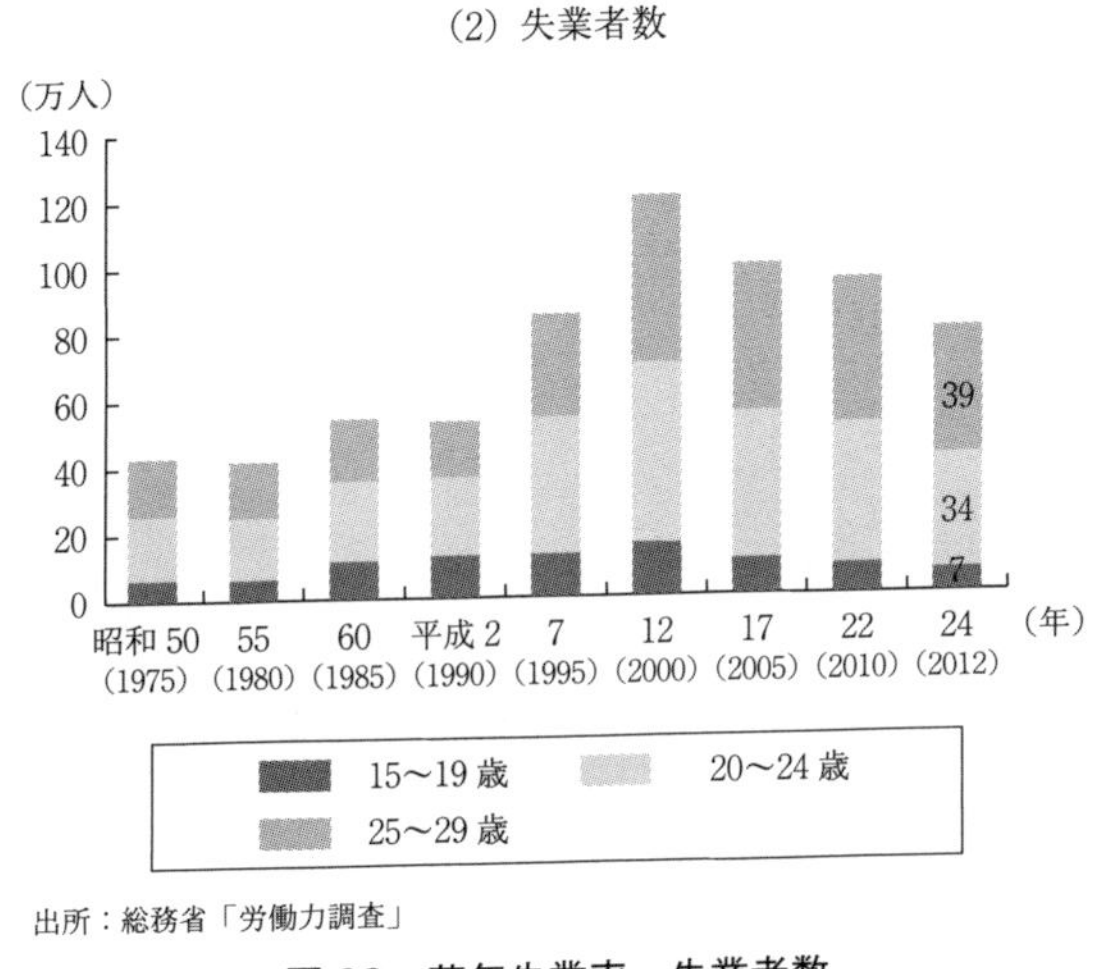


出所：総務省「労働力調査」

図 20　若年失業率・失業者数

ここでもう一つ指摘しておきたいのは、表5において、五〇代女性や六〇代男女においても、「男は仕事、女は家庭」意識の上昇が顕著にみられていたということである。この世代はバブル崩壊前に教育機関を卒業して社会に出ていた層であり、過去の日本社会のあり方を享受しえていた層である。そして、二〇代未婚者の多くは親と同居しており、親からの影響を受けやすい状態に置かれている。親世代の、自らの人生経験を是とする意識を、子世代も日常的に吸収していたと考えることは非現実的な想定ではないだろう。これらの要因によって、二〇代の、特に未婚者は、「先祖返り」的な性別役割分業意識を強めていたのではないかと考えられる。

### †気持ちが揺れる母親たち

では、若い既婚者についてはどう考えるべきか。この層では、未婚者とは異なる要因も作用していた可能性がある。それは、仕事を持ちつつ子育てをしている母親層における、子どもへの罪悪感と呼んでよいような、気持ちの揺れである。「全国家庭動向調査」から既婚女性の就業形態別（年齢層による区分はなし）の意識をみると、第三回調査（二〇〇三年）から第四回調査（二〇〇八年）にかけて「夫は外、妻は家庭」への賛成が専業主婦と自営・家族従業者ではほとんど変化がないが、常勤者の間では一二ポイント、パートでは八ポイント増加している。また同調査では、「夫や妻は、自分たちのことを多少犠牲にしても、子どものことを最優先すべきだ」という項目に賛成する割合も、二〇代および常勤もしくはパートの妻において第四回調査で上昇している。このように、常勤やパートの形で就労している既婚女性の中で、自らのあり方を否定するような、家庭や子どもを優先すべきという意識の高まりがみられるのである。

ちなみに、ベネッセ教育研究開発センター（現・ベネッセ教育総合研究所）が小中学生の親に対し一九九七年から実施してきた「子育て生活基本調査」（直近は二〇一一年）によれば、「子どもがすることを親が決めたり、手伝ったりすることがある」、「子どもの教育・進学面では世間一般の流れに乗り遅れないようにしている」、「子どもの将来を考えると、習い事や塾に通わせないと不安である」などの項目を肯定する度合いは、近年になるほど上昇している。社会の不安定さや不透明さが総じて増大し、政策やマスメディアからも子育て圧力が絶え間なく降りかかる中で、母親たちは子どもへの責任を果たすべく、介入や関与を、従来よりもいっそう強めている。その責任感が、母親＝女性は家庭に入ることが望ましい、という意識にもつながっているであろうことは想像に難くない。

### †調査結果を説明する仮説

ここまで述べてきたことを改めて総合すると、今回の内閣府調査への二〇代の反応を読み解くための仮説として以下のふたつが提起される。

・「一時期的な景気回復による先祖返り」：二〇代の（主に未婚の）就労者の間で、一時期的な景気回復により雇用機会が回復・増加した結果、バブル経済崩壊以前の日本的な「男性が稼ぎ手」意識――そこには親世代の影響も流れ込んでいる――が一部で復活した。

・「子育て不安」：就労している既婚女性が仕事と家事、特に育児との両立のし難さを実感し、「子どものことを最優先」するには妻が家庭に入る方が望ましいという負い目の意識につながっている。

第一の「先祖返り」仮説は、今後も景気の変動に沿って浮沈を繰り返すと予測できる。他方の「子育て不安」仮説は、社会の将来像の不透明さや日本の子育てに関する家庭の責任の大きさを考慮すれば、これからも根強く続くと推測できる。

## †性別分業が強固な日本社会

周知のように、日本は先進国の中でも、性別による役割分業が特に強固な社会であり、世界経済フォーラムが二〇一三年一〇月に発表した男女平等度ランキングで日本は一三六カ国中一〇五位、OECD加盟国の中では最下位から二番目である。

一方、日本では少子高齢化が急激に進み、生産人口の減少を補うために女性の社会進出を推進しようとする政策動向も見られる。しかし従来の性別役割分業モデルと、子どもの将来への不安の双方にからめ取られ続けている日本社会では、働き方の変革や子育ての責任を家庭から社会全体へと大幅に移す政策がドラスティックに打ち出されない限り、性別を問わない個人の活躍や、ワークライフバランス（仕事と生活の調和）の実現は不可能であろう。

家計維持のため女性が「仕方なく」、「子どもを犠牲にして」と感じながら働かざるをえない、のではなく、男女とも柔軟に、自由に、のびのびとライフコース（生き方）を選択できる社会理念と制度設計が、一刻も早く進むことを願う。

## 3　親としてのあり方

### †リスクを回避するというリスク

日本で子どもをもつ方たち、特にお母さん方には、多かれ少なかれ子どもの教育に熱心でない方は少ないでしょう。それは子どもに対するどのようなふるまいとして表れているでしょうか。

最近の子育てをめぐる親の行動や意識の実態について、ベネッセ教育研究開発センターが実施してきたいくつかの調査から確認してみましょう。まず、小中学生の親に対して過去四回にわたって実施された「子育て生活基本調査」によれば、「子どもがすることを親が決めたり、手伝ったりすることがある」、「子どもの教育・進学面では世間一般の流れに乗り遅れないようにしている」、「子どもの将来を考えると、習い事や塾に通わせないと不安である」などの項目を肯定する度合いは、総じて近年になるほど上昇しています。

このような、不安に駆りたてられ、周囲の動向を気にしながら、お金と手間ひまをかけて行う子育ての、集大成とも言えるものが、子どもの就職です。前記のセンターが二〇一二年に実施した「大学生の保護者に関する調査」によれば、九割の母親が「卒業までに就職先・進学先を決めてほしい」と考えています。しかし現実には、文部科学省の「学校基本調査」によれば、四分の一の大学生は進路が不確定なまま大学を卒業しています。

このように様々に子どもを気に掛ける親のもとで、子どもはどのように育つのでしょうか。同センターが二〇〇八年に実施した「大学生の学習・生活実態調査」では、大学生の約四割が「保護者のアドバイスや意見に従うことが多い」、「困ったことがあると、保護者が助けてくれる」と考えており、六割近くが「お金が必要になったら、保護者が援助してくれる」と考えています。

これらの調査は別々に実施されていますので、親が子どもに及ぼす因果関係がここから導かれるわけではありません。しかし、今の親と子どもの関係の全般的なありようを、これらから透かし見ることはできます。

リスクに満ちているように見える世の中に対して、親は自分の子どもができるだけリスクに直面せずにすむように、あれこれと先回りして気を遣います。子どもは親が張り巡らしたバリアの中で、少なくとも教育という世界の出口まではたどり着ける場合が多いでしょう。ただし、教育の世界の中でも、無理して入学した高校や大学で不適応を起こすケースは常にあります。

しかし、最大のリスクは、仕事の世界への入り口と、その世界の内部にあります。安定した仕事に就けない確率、就いたと思っても「ブラック企業」である確率は、親世代が若い頃よりもはるかに高まっています。そのことを直視するならば、重要なのはリスクを避けることではなく、リスクに遭遇しても大丈夫なように備えることなのであり、そのためには子どもが自分で考え行動できるようにすることと「ブラック企業」をなくしてゆくこと、社会全体の安全網の整備が何より必要です。我が子をリスクから遠ざけようとする親の配慮が、そうした力を我が子からむしろ奪い、社会全体の問題を考える視線を曇らせてはいないでしょうか。そうしたパラドックスの可能性についても、考えてみていただきたいと思います。

## †どんな社会を望むのか

親の考え方やふるまいは、子どもの考え方やふるまいを通して、これからの社会のあり方を方向付けてゆくものだと私は考えています。では、今の親たちは、教育や世の中についてどのように考えているのでしょうか。

ベネッセ教育研究開発センターと朝日新聞社が合同で、二〇一二年一一月から二〇一三年一月にかけて実施した「学校教育に対する保護者の意識調査二〇一二」では、「所得の多い家庭の子どものほうが、よりよい教育を受けられる傾向があると言われます。こうした傾向について、あなたはどう思いますか」という質問に対して、「当然だ」と答える親が六・三％、「やむをえない」と答える親が五二・八％を占め、二〇〇四年と二〇〇八年に実施された過去の調査と比べて、特に「やむをえない」が一〇ポイント以上も増加したことが注目を浴びました。

家庭の経済状況別に回答の比率をみると、「ゆとりがある」層では「当然だ」九・一％、「やむをえない」六二・〇％、「ゆとりがない」層ではそれぞれ四・五％と四八・一％で、この二つの項目を合わせると前者の方が二〇ポイント近く多くなっています。

また、同じ調査では学校での費用を除いた習い事、通信教育、塾、レッスンなどの一カ月の費用の合計額もたずねていますが、両親がいずれも大卒の場合は一万八四五二円であるのに対し、両親がいずれも非大卒の場合は一万一二三三円と、七〇〇〇円以上の差がついています。

これらの結果からうかがわれるのは、家計や親の学歴の面で「有利な」家庭が、子どもの教育に対して多くの資源を投入しており、そういう自分の行動を「当然」もしくは「やむをえない」と考えるようになっているということです。

このような親の意識を、私立の小中学校の受験という切り口から鋭く描いているのが、片岡栄美さんという社会学者による「格差社会と小・中学受験――受験を通じた社会的閉鎖、リスク回避、異質な他者への寛容性」(『家族社会学研究』二一巻一号、二〇〇九年)という論文です。質問紙調査とインタビュー調査から片岡さんが見出したのは、受験をさせる親は収入や学歴が高いこと、受験をさせる親は受験先の学校に自分と同じような家庭の子どもが集まっていることを期待しており、生活の仕方や考え方が違う家庭とはつきあおうとしない傾向があること、受験をさせる親は地域社会との交流が少ないことなどです。つまり、平たく言えば、「勝ち組」の親は「勝ち組」同士で固まるために子どもを私立の小中学校に入れ、「勝ち組」でない家庭を尻目に自分の子どもをやはり「勝ち組」にしようとしているということです。

このようにして育った子どもが、実際に「勝ち組」になって財力や権力を握る確率が高いとすれば、その果てにできあがってゆくのはどんな社会になることでしょう？　生活保護に対する風当たりの強さなどからも、もうその帰結は実現しているように見えます。これが本当に生きやすい社会なのかどうか、まずは「我が子だけは」と思っている親自身が、自らを深く省みる必要があると私は思います。

## 4 「人間力」の圧力――女性たちは何を求められているのか？

### †「ポスト近代型能力」とは？

――子どもや若者に対する「ポスト近代型能力」への要求が高まっていると指摘されています。「ポスト近代型能力」とは何ですか？

**本田**　最近、「人間力」とか「社会人基礎力」「就職基礎力」など、いろんな言葉を各省庁や経営者団体、審議会などが使い始めています。それらを総合的にとらえる概念として「ポスト近代型能力」という言葉を考えてみました。

これまでの近代型能力主義で求められていたのは、どれくらい多くの知識を覚えられるか、どのくらい早く計算ができるか、など量や速さで測れるような能力でした。これに対して、いま求められるようになっているのは、「頭のよさ」とは別の、もっと融通無碍で曖昧な能力です。「問題解決力」や「創造力」「コミュニケーション能力」など、いろんな言葉で言われていますが、これらに共通しているのは、第一に、感情や人格の深いところまで含む「人そのもの」という性格をもっていること。第二に、正確に測定できないということです。そもそも「個性」や「多様性」は測定・比較のしようがない。

こうした能力は、言説のレベルにとどまらず、現実にも影響を及ぼし始めています。たとえば昔は勉強のできる子どもがクラスでも人気のある子でしたが、今は勉強ができることと、人に好かれてリーダーシップをとれることとは、必ずしも重ならない。子どもたちの間では、基礎学力よりも、むしろ対人能力が基準としてより重視されるようになっており、その格差が開いているといえます。

また、若者たちを対象にした調査では、正社員になれるかということについては、従来通り、学歴や学力などの要素が重要ですが、収入や、あるいは自立意識や社会参加、満足感などの主観的な地位については、コミュニケーション能力やポジティブ思考などのポスト近代型能力が重要であることがわかりました。

——こうした「ポスト近代型能力」を強調する言説が登場してきた背景には何があるのでしょうか。

本田　「若者の人間力が落ちている」と言われますが、そんなことはありません。若者の能力水準が下がっているのではなく、若者への要求水準が高まっているのです。高まる要求にあわせて能力を伸ばす者も出ると、下が目立って見えるのではないかというのが私の見方です。

こうした要求が高まっている背景としては、まず産業構造の変化があります。大量生産・大量消費の時代が過ぎ、デザインや技術のわずかな違いをめぐって、消費者の中にむりやりのようにニーズを喚起するような創造性が求められている。組織においても、官僚制的な上意下達だけでは成り立たなくなり、専門性をもつ人たちを結び合わせコーディネートしていくような存在が求められます。一方ではこのような柔軟性や創造性、ネットワーキング力をもつ高水準の労働が求められるようになっているのと同時に、他方では接客や販売のような、それほど技能水準の高くない対面サービスにおいては、また別種の対人能力——気配りや「人当たりのよさ」のようなものが要請されています。

また文化や消費の面でも、多様化・分化が進む中で、異質な他者の間で自分をやり繰りしていく能力が求められている面もあります。さらに、もうひとつの要素は社会階層です。経済成長や高校・大学進学率上昇によって社会全体が上昇移動できていた、あるいはそういうイメージを抱くことができていた時期が過ぎて、経済成長が鈍化し、大学進学率も五〇%に近づいてくると、これまでの相対的な有利さを維持することが難しくなってきた社会上層には、自分たちの子弟にとって有利になるようにゲームのルールを書き換えたいという気持ちがはたらく。その際に持ち出されてきているのが「ポスト近代型能力」という選抜基準である可能性があります。少なくとも、これら三つの要素が考えられます。

**†二つの種類の「人間力」**

――同じ「人間力」という言葉でも、実は情動を搾取される側と、情動を操作する側という、異なる層に向けて発されている言葉であるかもしれないのですね。ところで、これまでは近代型能力主義社会だったと言われましたが、女性たちは会社に入っても、必ずしも近代型能力を発揮して業績を上げることを歓迎されてはいませんでした。相手の反応を見ながら、自分の情動を使っていくような対人コミュニケーションは、ポスト近代型能力のひとつというより、近代的能力主義から排除されてきた女性にこれまでも要求されてきたものに思えるのですが？

**本田**　それは先ほどの区別でいうと、相対的に低位の対人サービス職種において要求される能力ですね。介護労働などでは、気配りや優しさ、配慮といった、従来女性に求められていたような能力がより強調されています。一方で、実践ではなく構想を担う側に求められているのは、人にあわせる能力ではなく、創造性やオリジナリティなど別の種類のポスト近代型能力です。このようにグラデーションがあるなかで、女性が社会に出て行く場面が増えたとしても、このままでは低位の労働に動員されていく可能性が高いと思われます。

――評価のしにくいポスト近代型能力が主流になれば、低位の職種では労働の価値を押し下げる方向にはたらくのではありませんか？　気配り等の「能力」があるからといって派遣労働者の賃金が上がる理由にはならないけれど、ないことは契約を切る理由になる。近代型能力が基準であれば、「それはセクハラだ」と闘えたのですが。

**本田**　おっしゃるとおり、ポスト近代型能力の支配力が強まるハイパー・メリトクラシーの恐ろしいところは、いかなる差別もまかり通るということなんです。客観的な基準がないので、評価する側が、能力があるのかないのかを恣意的に決めることができる。非対称的な関係の中で、（能力が）ないと言われた側は抗いようがない。最近は企業も、表現力とか創造性を基準に採用試験をすると公言していますが、それで落とされてしまった学生は、全人格を否定されたような気になるし、抗弁もできない。不採用が続くと、どんどん精神的ダメージが蓄積されてしまいます。

## †母親への圧力

――ポスト近代型能力を育成する場としての家庭教育、とりわけ母親たちへの要求が非常に高まっていると指摘されています。

**本田** 教育に関する母親への要求や圧力は、社会規範としては前からあったと思いますが、今まで政策課題としてはそれほど強調されていなかったのが、より重視されるようになってきました。

話がそれるかもしれませんが、育児支援では、いつも乳幼児期の母親への支援が言われます。しかし、もっとも母親の役割が重要になるのは、もっと年齢が上がってからだと思うんです。三歳児神話ばかりが注目されてきましたが、小学校高学年頃から思春期にかけての、難しい年齢で受験にも直面している子どもにきちんと対応するためには、母親は子どもを放ってそうそうフルタイムでは働いていられないというような、中学生神話、高校生神話のようなものが、現実の母親の意識や行動に強く影響していると思います。それに加えて今は、教育に関する母親たちの責任を政治が強調し始めて、それを家庭の外で補うどころか、家庭でもっとやれという圧力が強まっているように見えます。

——一方で、教育や養育など家庭の機能が市場によって代替される動きもすすんでいます。それは、母親への圧迫を減らすのでしょうか？

**本田**　それが微妙なところです。「家族の教育戦略と母親の就労——進学塾通塾時間を中心に」（『女性の就業と親子関係』勁草書房、二〇〇四年）で平尾桂子さんが分析されているのですが、進学塾を利用しているのは結局、専業主婦なんです。階層に関係なく、フルタイムで働いている親はむしろ塾を利用しにくい。なぜかというと、家庭外の教育産業を十全に利用するためには、コーディネーターとしての母親の役割が非常に大きいというのですね。どの塾にするかを調べて選んだり、送り迎えや弁当を作ってもたせたり、家で塾の宿題をきちんと見てやったり、スポーツや音楽などを習わせるにしても、こまごまと道具や着る物を準備したり試合や発表会のために動員されたりするわけです。

ですから家庭外教育の市場が発達したからといって、それが全部母親の役割を代替してくれるわけではなくて、母親はいっそうマネージャーかつコーディネーターとしての役割を要請されることになっています。

## †家庭教育と社会階層

――その「スーパーマザー」という要求に対して、女性たちがいかに応えようとするか、応え得るかは、階層によって相当に異なってくるのですね。

本田　従来の近代型能力は、いっしょうけんめい勉強するとか、一夜漬けで何とか対処するとか、個人の努力でどうにかなる部分があったんですが、新しいポスト近代型能力は、一朝一夕に身につけられるものではない。子どもの頃から育ってきた環境がものを言うところがありますが、それにはどうしても格差があります。ポスト近代型能力を子どもに身につけさせるためには、お金だけでなく、いろんな資源が必要です。親が身につけた社会経験、知識やノウハウという文化的資源、あるいは子どもとの関係の良さ。そうしたものを投入してスーパーマザーになろうとするのは、子どもに十分かつじょうずに手をかけてゆけるという自信と時間的余裕がある親たちだと思います。

先ほど、同じ「人間力」でも社会の上層と下層で質が違うという話が出ましたが、私が最近行っている聞き取り調査から透けて見えてくるのは、高階層のお母さん方は、職場上層に求められる種類の「人間力」――「はっきりものが言える力」や意思の強さ、ネットワーク力など――を子どもに形成しようとしていることです。それに対して、そこまで諸資源を潤沢にもっているわけではないお母さん方は、やはり子どもに対しては勉強だけでなく他の面もできるだけ良くしてやろうという気持ちはもっているのですが、それを表現する際の言葉遣いがやや違うのです。たとえば「人様に迷惑をかけない」とか、逆に「人に流されない」、あるいは「手に職をつける」「少なくとも自分で食べていく」など、子どもの将来像としてイメージしているものがどうも違う。結局それは、職場における上層から下層までグラデーションをもっている「人間力」の質の差異に対応しているのだと思います。

社会上層のお母さん方が、子どもに対して、職場の管理職にとって重要な能力を身につけさせようとするのは、明らかに彼女たちの経験が反映しています。子どもができるまで大企業で総合職で働いていた女性は、できる上司や有能な男性を身近に見ていて、男の子だったらああいう人に、というイメージをもって対しているわけです。そういう環境を経験したことのないお母さんたちは、むしろ地域社会の中で近隣とうまくやってくために必要な能力を子どもに身につけさせようとする。

また、きわめて高階層のお母さん方は、夫の海外赴任に同行したり、自身が留学やフライトアテンダントなどの経験があるので、海外にしばしば出かけるのが当たり前。すると視野もグローバルで、子どもにもホテルのボーイに対して英語を使わせてみたり、海外の基準で通用する礼儀正しさでふるまわせようとする。そういうふうにして彼らが生きてきた世界が子どもに投射されていく。それで格差が出ないわけがありません。

ただし、そういう広い経験をもち、できるだけ子どもに様々なものを注ぎ込もうという高階層のお母さんの努力は、うまく行けばいいんですが、詰め込みすぎると、燃え尽きたりストレスからキレる子どもも出てくるようなんですね。子どもの気持ちを考えないわけではないけれど、「こうあるべきだ」という母親の価値基準がはっきりしているので、受験にしても塾にしても、やらせたほうがいいと思ったことはやらせる。母親が上からある程度強く押し付けることになるので、すると子どももそれへの反作用として強く返すようになるんですね。「うちの子は言い方がきつくて」とか「周りの子どもと軋轢が多くて」という言葉が複数のお母さんから出てくる。

それに対してふつうの家庭のお母さんは、塾にしても、子どもが行きたいと言ったら行かせます、というふうに子どもの意思をできるだけ尊重しようとする。子どもには、自分の意思をもてる人間になってほしいという思いをもっています。ところが、そういうお母さんの姿勢そのものが、他者の意思を尊重していて、受動的なんですね。そうすると興味深いことに、子どもは、そういうお母さんの受け身的な基本姿勢の方をむしろ身につけてしまって、自分の意見を言わなくなりがちです。逆説的なことに、母親からの期待と反して自己主張しない子になる。周りにあわせる子になるんです。ちょっと事例を単純に一般化しすぎかもしれませんが、そういう例が複数みられます。

――「できん子はできんままでいい」という三浦朱門の言葉を思い出す話ですね。上に行けない子どもは目標もそこそこにして、人当たりがよければいい、と。文科省のねらい通り？

本田　もちろん文科省はそういうことは表立って言いません。でも結果的には、家庭ごとに違う子育て、違う目標にしたがって、ヒエラルキーのなかでの位置づけが違う人間を生み出していく。「家庭教育は大事」というスローガンは、高い階層に対してだけではなくて、朝ごはんを食べないで学校に来る子がいるとか、そういう家庭教育の「崩れ」が声高に指摘されることによっても正当化されています。ただ、実際にそういう呼びかけに応えるのは、一定以上の資源と意識をもっている階層でしょう。応えるだけの余裕や意識がもともとない家庭は、呼びかけには最初から耳を貸さない。それによって、政府が意図した結果とは違うかたちで格差が広がるのではと懸念しています。

## †必要な支援とは

——家庭教育が強調されることで、十分にできない親が非難されることになるのでは？

**本田**　イギリスにおいても日本と同じように家庭教育が政策的に称揚されていて、親が子どもの教育に果たす役割が大きいということが強調されています。その役割を果たさない親は、責任を放棄していると、個人のモラルの問題として非難される。私がやっているのと同じようなインタビュー調査をしているイギリスの研究者がいるのですが、比較的高い階層の親たちは、多面的に子どもを伸ばそうと、自分の子どもを形容するときに「スペシャル」とか「スマート（賢い）」とか、ポジティブな形容詞をいっぱい使って子どものよさを強調し、スペシャルな人間に育てようとするんだそうです。

面白いのは、下層のほうの親たちにとっては、子どもが「スペシャル」であるというのは、何か問題を起こして目立ってしまうという意味をもっているので、とにかく目立つな、学校にいる間は問題を起こさずに乗り切ってくれればいい、という発想があるというんですね。でもそういう配慮はイギリスの為政者からすると、子どもの可能性を伸ばすという親の責任を果たしていないように見える。子どもが問題を起こせばもちろん親が批難されますが、問題を起こさないよう穏便に、注目を集めないように、という親の教育態度もまた不十分であると。

為政者とか学校の教師たちと同じ階層に属していて、同じような理想的な人間像を抱いて行動する人たちはオッケーなんですが、それとは異なる行動原理や規範に沿って子育てをしていると、規範や理想が違うだけでそれはそれなりに一生懸命なのに、何もしていないように見えて、親が責められる。親が子どもにできるだけ何もかも上へ上へとめざす態度を示せば、よき子育てということになるけれども、そうでなければ子育てをしていないように見なされてしまう。

——個々の家庭や個人の態度ばかりが問題にされて、必要な支援が提供されるのでしょうか。

**本田**　文科省が家庭支援のために掲げている政策としては、親教育やカウンセリングがあります。親としての正しいふるまい方を教えてあげますよ、というものですね。また、子育て支援に関連する政策として「放課後子どもプラン」があります。これは学童保育の内容を薄めて範囲を広げたようなもので、ボランティアが放課後に空き教室で活動を提供するというものです。これは、方向性としてはひどく間違ってはいないと思うんですが、問題は内実があまりにもお粗末だということです。しっかりした学童保育では、資格をもった指導員の方がいろんな質のいい活動を提供してくれるんですが、それを止めてしまって、ただ財政支出の節約のためにボランティアまかせにして、子どもをそこにいさせるだけ、ということになっている。ちゃんとお金をつけて、責任をもって内容の密度の高い活動を放課後に提供してくれるのであれば、今は高階層の親だけがマネージャーの役割を果たしながら子どもを車で送り届けてやっと達成できるようなことを、すべての親の子どもが経験できるはずです。

そうすれば「人間力」などと声高に言わなくても、自然といつの間にかそうしたものが身についてくる。家庭でやれやれと言う前に、家庭の外でよい経験のチャンスを整備してくださいといいたいですね。

# あとがき

まえがきでも述べたように、本書には二〇〇八年に刊行した『軋む社会』以降に、様々な媒体に掲載していただいた文章を収めている。そのような本書を編みながら、私は自然と、自分のこれまでの研究の流れについて振り返る思考になっていた。

二〇〇五年頃から二〇〇八年頃にかけては、私は「〇〇って言うな!」と威勢よく喧嘩を売るような本を続けて出していた。「ニートって言うな!」「人間力って言うな!」「家庭教育って言うな!」「やりがいって言うな!」。後から考えれば、これらの啖呵は、崩れつつある戦後日本型循環モデルを、個人や家族の心根で説明したり、無理な要請をかけることで弥縫しようとしたりする、政策や言説に対する批判であったといえる。

当時は首相も慌ただしく交代していた時期であり、自民党政権は自らがその形成を推進してきた戦後日本型循環モデルの機能不全に対処する力をまったく欠いているように見えた。従来のモデルの問題点を直視し、新たなモデルへの組み替えを進めるどころか、前記の「〇〇」に入る言葉の例のような、きわめて皮相で人々をいっそう苦しめる、施策と呼ぶに値しないような施策を繰り出しているように感じられた。マスメディアをはじめ、社会の人々もそれに巻き込まれ、むしろ積極的に同調しているように思えた。そのような認識や施策には大きな弊害があるということを、可能な限りデータで論証し、自分の目に映る新しい問題状況に造語の呼び名を与えて表現しようともがいていた。

その後、与党は民主党へと交代する。しかし、その政権運営も危なっかしさが否めず、また東日本大震災という巨大な禍にも見舞われたことから、政権は再び自民に「取り戻された」た。その右往左往の中で、社会のありようは改善されるどころか、物質的困窮と精神的鬱屈はさらに深まっていることを示すデータが数々存在する。こうした時間の流れにつれて、私は徐々に、威勢の良い啖呵に集約されるような、それまでの自分の研究では無責任であると感じるようになっていた。そのような気持ちの変化は、社会に対する危機感の強まりと表裏一体でもあった。そして、二〇〇九年頃以降の自分は、現状の問題点を指摘するだけでなく、問題だらけの現実の中にある変革の芽や可能性を、調査を通じて探し出し、提言するという性質の研究に踏み込むように進んできたと思う。

具体的には、一部は本書でも論じているように、「教育の職業的意義」、「ジョブ型移行」、「困難を抱える若者の就労支援」、「女性の就労の促進要因と子どもへの影響」といった、新しい社会モデルにつながると考える諸テーマについて量的・質的なデータを収集・分析し、それらがいかにして実現されうるかを探るタイプの研究を、現在にいたるまで続けている。そのような研究は、かつての元気な啖呵と比べて、いかにも地味であったり、むしろ社会の大勢の中で風当たりの強いものであったりする。そうしてしばしば徒労感にも苛まれながら、匍匐前進《ほふくぜんしん》のようにじりじりと進もうとしている。

どの方向に進もうとしているかは、本書第二章の後半で、マクロな体制についての見取り図を示した通りである。しかし、自分が何を思い描いているのかを改めて省みれば、つまるところ、「変」だろうが「失敗」しようが、いろんな人々がそれぞれに、どうであってもある種安心して、良いモノを作ったり面白いコトに取り組んだり他者と気持ちよく関わりあったりできる、そういう社会のあり方なのだろうと、今さらのように気がつく。すぐに責められ、批判され、ものすごくしごかれ、怒られ、いばられ、苦しくても疲れ切ってもどこにも助けを求められない、そんなのはいやだ、という、非常に素朴な感覚のようなものに駆られて自分は動いていている。そうではない世の中を、仕組みとして具現していくにはどうしたらいいかを考えたい、ということに尽きる。

本書は『軋む社会』の続編という性格をもつものであるから、そのことを表す書名にしておきたかった。タイトルを筑摩書房の編集の河内卓さん、永田士郎さんのお二方と一緒に考えていたとき『もじれる社会』という言葉が頭に浮かび、ダメでもともと、と思いつつ提案してみたら、「ああ、それはいいかもしれません」とすんなりと受け入れてくださって、むしろ驚いた。タイトルだけでなく、編集作業のすべてにわたってきめ細かくご配慮くださったお二人には、心から感謝している。また、味わいぶかい挿画を描きおろしてくださった森雅之さんにも、この場を借りてお礼を申し上げる。

私の模索の一部を集めた本書が何かにつながるのだろうか？——答えは、書いた者ではなく、読んでくださった方が知っている。

二〇一四年八月

本田　由紀

# 註

## 第一章

＊1　この論考が書かれたのは二〇〇八年であり、その際に大地震として筆者が念頭に置いていたのは、その前年の新潟県中越沖地震や二〇〇四年の新潟県中越大震災、二〇〇三年の十勝沖地震、そして一九九五年の阪神・淡路大震災であった。しかし、それ以後、本書を編んでいる二〇一四年までの間に、東日本大震災が発生したことは言うまでもない。それに触れないことは三・一一後の日本にとってあまりにも不自然であることから、収録にあたって本文の記述を修正した。ただ、東日本大震災の発災前に書かれていたこの論考は、むしろその後の日本で起きた事態を言い当てていたように感じられてならない。

## 第三章

＊1　「労働力調査」（総務省統計局）より。

＊2　第二回調査の結果に関する詳細は、『「若者の教育とキャリア形成に関する調査」二〇〇八年第二回調査結果報告書』（二〇一〇）を参照されたい。

＊3　ここで用いている「希望」という変数は、その構成要素の中に、「日本は若者にチャンスが開かれている社会だ」という個人の成功という意味での「希望」と、「社会の問題は人々の力で変えてゆくことができる」という社会の変革という意味での「希望」との両面を含んでいる。そこでこの二つを改めて別

に取り出し、「社会不満」との関連をみると、「社会不満」と個人の成功チャンスの認識との間には明確な負の相関があり（マイナス〇・二五二）、「社会不満」と変革への「希望」の相関は統計的に有意ではないが符号はマイナスである（マイナス〇・〇二四）。個人のチャンスの認識と社会変革の「希望」との間には、強い正の相関がみられる（〇・三四三）。ここから、「社会不満」が強くともそれは「社会を変えてゆける」という認識には結びつかず、逆に個人として成功できると考える者のほうが（彼らは「社会不満」が弱い）、「社会を変えてゆける」と考えがちであることがわかる。繰り返せば、社会構造に問題がある（「社会不満」）のでそれを「変えよう」（社会を変革する「希望」）という意識のつながりが、日本の若者の中には見出されにくいのである。

＊4　筆者はそのような現象を「ハイパー・メリトクラシー」と呼び、批判を加えている（本田二〇〇五）。

**第四章**

＊1　http://www.mext.go.jp/b_menu/shingi/chukyo/chukyo10/shiryo/1299768.htm

＊2　以下の記述は時間軸に沿って筆者が再整理したものである。

＊3　データ出所は（財）日本進路指導協会「中学校・高等学校における進路指導に関する総合的実態調査」（文部科学省委託）。

＊4　データ出所は（社）全国高等学校PTA連合会・（株）リクルート「高校生と保護者の進路に関する意識調査」（二〇〇九）。

＊5　データ出所は同前。

＊6　データ出所はベネッセ教育研究開発センター「平成17年度　経済産業省委託調査　進路選択に関す

る振返り調査――大学生を対象として」。

＊7　本田由紀（二〇〇五）『若者と仕事――「学校経由の就職」を超えて』東京大学出版会、本田由紀（二〇〇九）『教育の職業的意義――若者、学校、社会をつなぐ』ちくま新書などを参照されたい。

＊8　本田（二〇〇九）前掲書を参照。

＊9　本田（二〇〇九）前掲書を参照。

＊10　本調査は沖縄という特徴的な地域の実態を把握することを目的の一つとしているため、実サンプル数は沖縄三三〇、それ以外の地域一三六一であるが、以下の分析では全国の地域別人口分布に近くなるようウエイトづけしたデータを用いている。この調査では、本稿で使用する第一回調査のサンプルを、その後四年間にわたって追跡調査している。なお「専門高校」と「高校専門学科」は厳密には区別しうるが、本稿では簡略化のため互換的な言葉として用いている。

＊11　文部科学省初等中等教育局児童生徒課「平成23年度「児童生徒の問題行動等生徒指導上の諸問題に関する調査」結果について」平成二四年九月一一日（http://www.mext.go.jp/b_menu/houdou/24/09/_icsFiles/afieldfile/2012/09/11/1325751_01.pdf）

＊12　森田洋司監修『いじめの国際比較研究――日本・イギリス・オランダ・ノルウェーの調査分析』金子書房、二〇〇一年。

＊13　落合恵美子編『親密圏と公共圏の再編成――アジア近代からの問い』京都大学学術出版会、二〇一三年

＊14　佐藤俊樹『近代・組織・資本主義――日本と西欧における近代の地平』ミネルヴァ書房、一九九三年

＊15　本田由紀『多元化する「能力」と日本社会――ハイパー・メリトクラシー化のなかで』NTT出版、

二〇〇五年
＊16　内藤朝雄『いじめの構造――なぜ人が怪物になるのか』講談社現代新書、二〇〇九年
＊17　鈴木翔『教室内（スクール）カースト』光文社新書、二〇一二年
＊18　間山広朗「概念分析としての言説分析――「いじめ自殺」の〈根絶＝解消〉へ向けて」『教育社会学研究』七〇集、二〇〇二年

# 参考文献

**第三章　1**
阿部真大『働きすぎる若者たち――「自分探し」の果てに』日本放送出版協会、二〇〇七年
雨宮処凛『生きさせろ！――難民化する若者たち』太田出版、二〇〇七年
雨宮処凛『反撃カルチャー――プレカリアートの豊かな世界』角川学芸出版、二〇一〇年
NHK放送文化研究所編『現代日本人の意識構造　第七版』日本放送出版協会、二〇一〇年
片瀬一男『夢の行方――高校生の教育・職業アスピレーションの変容』東北大学出版会、二〇〇五年
門倉貴史『ワーキングプア――いくら働いても報われない時代が来る』宝島社新書、二〇〇六年
苅谷剛彦『階層化日本と教育危機――不平等再生産から意欲格差社会（インセンティブ・ディバイド）へ』有信堂高文社、二〇〇一年
久木元真吾「「やりたいこと」という論理――フリーターの語りとその意図せざる帰結」『ソシオロジ』第四八巻第二号、二〇〇三年（再録　本田由紀・筒井美紀編『リーディングス　日本の教育と社会19　仕事と若者』日本図書センター、二〇〇九年）
熊沢誠『若者が働くとき――「使い捨てられ」も「燃えつき」もせず』ミネルヴァ書房、二〇〇六年
小玉重夫「学力――有能であることと無能であること」田中智志・今井康雄編『キーワード　現代の教育学』東京大学出版会、二〇〇九年

小林美希『ルポ　正社員になりたい――娘・息子の悲惨な職場』影書房、二〇〇七年
小林美希『ルポ〝正社員〟の若者たち――就職氷河期世代を追う』岩波書店、二〇〇八年
今野晴貴・本田由紀「働く若者たちの現実――違法状態への諦念・使い捨てからの偽りの出口・実質なきやりがい」『世界』二〇〇八年一〇月号（再録　遠藤公嗣・河添誠・木下武男・後藤道夫・小谷野毅・今野晴貴・田端博邦・布川日佐史・本田由紀『労働、社会保障政策の転換を――反貧困への提言』岩波ブックレット、二〇〇九年）
下村英雄「フリーターの職業意識とその形成過程――「やりたいこと」志向の虚実」小杉礼子編『自由の代償／フリーター――現代若者の就業意識と行動』日本労働研究機構、二〇〇二年
中西新太郎・高山智樹編『ノンエリート青年の社会空間――働くこと、生きること、「大人になる」ということ』大月書店、二〇〇九年
中野麻美『労働ダンピング――雇用の多様化の果てに』岩波新書、二〇〇六年
日本生産性本部・日本経済青年協議会『平成21年度　新入社員「働くことの意識」調査報告書』二〇〇九年
日本青少年研究所『中学生・高校生の生活と意識調査報告書――日本・アメリカ・中国・韓国の比較』二〇〇九年
速水健朗『自分探しが止まらない』ソフトバンククリエイティブ、二〇〇八年
古荘純一『日本の子どもの自尊感情はなぜ低いのか――児童精神科医の現場報告』光文社新書、二〇〇九年
堀有喜衣編『フリーターに滞留する若者たち』勁草書房、二〇〇七年
本田由紀『多元化する「能力」と日本社会――ハイパー・メリトクラシー化のなかで』NTT出版、二〇

○五年
本田由紀「〈やりがい〉の搾取――拡大する新たな「働きすぎ」」『世界』二〇〇七年三月号（再録　本田由紀『軋む社会――教育・仕事・若者の現在』双風舎、二〇〇八年。のちに河出文庫、二〇一一年）
宮本みち子『若者が《社会的弱者》に転落する』洋泉社新書y、二〇〇二年
山田昌弘『希望格差社会――「負け組」の絶望感が日本を引き裂く』筑摩書房、二〇〇四年。のちにちくま文庫、二〇〇七年
湯浅誠・冨樫匡孝・上間陽子・仁平典宏編著『若者と貧困――いま、ここからの希望を』明石書店、二〇〇九年

**第四章　2**

伊藤秀樹「専門高校からの進学」『若年者の就業行動・意識と少子高齢社会の関連に関する実証研究』厚生労働科学研究費補助金政策科学推進研究事業平成一八年度総括研究報告書、二〇〇七年
熊沢誠『若者が働くとき――「使い捨てられ」も「燃えつき」もせず』ミネルヴァ書房、二〇〇六年
田村真広・保正友子編著『高校福祉科卒業生のライフコース――持続する福祉マインドとキャリア発達』ミネルヴァ書房、二〇〇八年
筒井美紀『高卒労働市場の変貌と高校進路指導・就職斡旋における構造と認識の不一致――高卒就職を切り拓く』東洋館出版社、二〇〇六年
中西祐子・中村高康・大内裕和「戦後日本の高校間格差成立過程と社会階層――1985年SSM調査データの分析を通じて」『教育社会学研究』第六〇集、一九九七年
本田由紀『若者と仕事――「学校経由の就職」を超えて』東京大学出版会、二〇〇五年

# 初出一覧

## 第一章　社会の「悲惨」と「希望」

1　「悲惨」について
『図書』二〇〇八年一二月号

2　「希望」の現場より
『月刊JTU』「点鐘」（二〇一〇年一月一九日、二〇一二年八月一日、二〇一〇年四月一日、二〇一二年二月一日、二〇一一年四月一日、二〇〇九年四月四日、二〇〇九年一〇月一日、二〇一〇年七月一日、二〇一二年五月七日）

## 第二章　戦後日本型循環モデルの終焉

1　格闘する思想
『金曜日』二〇〇八年五月一六日号（まとめ　小林和子）

2　激動する社会の中に生きる若者と仕事、教育
『日本看護学教育学会誌』二〇一三年一一月号

## 第三章　若者と雇用

1　若者にとって働くことはいかなる意味をもっているのか――「能力発揮」という呪縛
『若者の現在　労働』日本図書センター、二〇一〇年
2　若者と雇用をめぐる現状――何が求められているのか
『月刊　自治研』二〇一三年三月号

## 第四章　教育のアポリア

1　普通科高校における〈教育の職業的意義〉のあり方
『進路指導』二〇一一年春季号
2　専門高校の意義を再発見する（旧題「若年労働者の現状と高校教育の課題　第3回」）
『工業教育資料』二〇〇九年五月号

3　いじめ・体罰・自殺の社会的土壌（旧題「自他への暴力としてのいじめ・体罰・自殺」）
『子ども白書2013「子どもを大切にする国」をめざして』本の泉社、二〇一三年

## 第五章　母親・家族への圧力

1　いま、家庭教育を救うには
『児童心理』二〇〇八年一二月号

2　不安の中で先祖返りする若者たち——「夫は外、妻は家庭」意識の増加
『nippon.com』二〇一三年二月二八日

3　親としてのあり方（旧題「リスクを回避するリスク」「どんな社会を望むのか」）
『ducare』Vol. 15, Vol. 16

4　「人間力」の圧力——女性たちは何を求められているのか？
『女たちの21世紀』二〇〇七年三月号

ちくま新書
1091

# もじれる社会《しやかい》
——戦後《せんご》日本《にほん》型《がた》循環《じゅんかん》モデルを超《こ》えて

二〇一四年一〇月一〇日　第一刷発行

著者　本田由紀（ほんだ・ゆき）
発行者　熊沢敏之
発行所　株式会社　筑摩書房
東京都台東区蔵前二-五-三　郵便番号一一一-八七五五
振替〇〇一六〇-八-四一二三
装幀者　間村俊一
印刷・製本　株式会社　精興社



乱丁・落丁本の場合は、左記宛にご送付下さい。
送料小社負担でお取り替えいたします。
ご注文・お問い合わせも左記へお願いいたします。
〒三三一-八五〇七　さいたま市北区櫛引町二-六〇四
筑摩書房サービスセンター　電話〇四八-六五一-〇〇五三


ISBN978-4-480-06790-6 C0236